हमारा हृदय

प्रसिद्ध रूसी हृदय रोग विशेषज्ञ ब्लादिमिर जेलेनिन की पुस्तक
'Strengthen of your Heart' का सरल-सुबोध अनुवाद

सम्पादक
डॉ. के.एन. पार्थसारथी
रमीन्द्र पाल

वाणी प्रकाशन

वाणी प्रकाशन
4695, 21-ए, दरियागंज, नयी दिल्ली 110 002
शाखा
अशोक राजपथ, पटना 800 004
फ़ोन : +91 11 23273167 फ़ैक्स : +91 11 23275710
www.vaniprakashan.in
vaniprakashan@gmail.com
sales@vaniprakashan.in

HAMARA HRIDAY
Edited by Dr. K.N. Parthsarthi, Ramindra Pal

ISBN : 978-93-5229-724-5
Science

संस्करण 2010
आवृत्ति 2017

मूल्य : ₹ 175

सिटी प्रेस, दिल्ली-110 095 में मुद्रित

वाणी प्रकाशन का लोगो मक़बूल फ़िदा हुसेन की कूची से

इस पुस्तक के बारे

उर्दू शाइरी में दिल के दर्द का ज़िक्र बार-बार आता है। शाइरी की बात छोड़ भी दें, तो आज दुनिया भर में, कैंसर के बाद, सबसे अधिक मौतें दिल के दर्द से ही होती हैं। दिल यानी कि हृदय, यानी कि मानव शरीर का सबसे महत्वपूर्ण अंग, जिसका धड़कना और अविराम धड़कते रहना जीवन की पहली शर्त है। हृदय की धड़कन का ही दूसरा नाम है ज़िंदगी। पल-भर के लिए भी हृदय की धड़कन का रुकना; यानी कि मृत्यु। इसीलिए शरीर विज्ञान में और चिकित्सा विज्ञान में हृदय की संरचना, उसकी कार्य-पद्धति के अध्ययन के साथ-साथ उसे नीरोग रखने के उपायों पर सर्वाधिक ध्यान केंद्रित किया जाता है। 'लोकोपयोगी विज्ञान विश्वकोश' माला की यह पुस्तक इसी आवश्यकता को ध्यान में रखकर लिखी यही है। इसके लेखक रूस के जाने-माने हृदय रोग विशेषज्ञ ब्लादिमिर ज़ेलेनिन हैं।

इस पुस्तक का संयोजन विद्वान लेखक ने तीन मुख्य शीर्षकों के अंतर्गत किया है। पहला शीर्षक है रुधि-परिसंचरण (Blood circulation)। इसके अंतर्गत विलंगित हृदय (isolated heart), तंत्रिका-तंत्र का हृदय की गतिविधि पर प्रभाव, दैहिक तथा फुल्फुसीय रुधि-परिसंचरण, किरीटय रुधि-परिसंचरण, रक्तदान, रुधि-परिसंचरण, का प्रेरक कौन है?, बच्चों तथा मध्यवय के लोगों का हृद्वाहिका-तंत्र, हृद्वाहिका-तंत्र की जांच कैसे की जाती है, आदि उपशीर्षकों के द्वारा शरीर में खून के बहाव की प्रक्रिया और उसका महत्व समझाम गया है। दूसरा शीर्षक एक प्रश्न के रूप में है—पूरे शरीर और हृद्वाहिका-तंत्र को मजबूत करने के लिए क्या-क्या बातें आवश्यक है? इस प्रश्न के उत्तर में आहार, व्यायाम और खेलकूद काम और आराम का महत्व बताने के साथ-साथ न्यूरोसिस की रोकथाम तथा शराब और सिगरेट के हानिकर प्रभावों पर प्रकाश डाला गया है। तीसरा शीर्षक हृदय और हृद्वाहिका तंत्र के रोगों से संबंधित है, जिसमें हृद्वाहिका तंत्र के

न्यूरोसिस, अतितपन, एथिरोक्लेरोसिस, हृद्‌शूल, हृत्येशी का रोग, हृत्पात, हृदावरण के रोग आदि के कारणों और उनके रोकथाम के उपायों की विवेचना बहुत ही सरल और सुबोध शैली में की गई है। पुस्तक के अंत में लेखक कहते हैं : बचपन से लेकर बुढ़ापे तक स्वास्थ्य के नियमों का नियमित रूप से पालन करने से मनुष्य न केवल रोगों से बचा रहता है, वह बूढ़ा भी जल्दी नहीं होता, उसकी उम्र बढ़ जाती है तथा बुढ़ापे में भी वह चुस्त तथा ताकतवर रहता है। सोवियत रूसी क्रांति के महान कवि भायकोव्स्की के शब्दों में : सौ साल तक हमें जीना है/बूढ़ा कभी नहीं होना है/उम्र के साथ-साथ अपनी चुस्ती को बढ़ाना है/इस बात को कभी नहीं भुलाना है।''

हृदय और हृदय रोगों के बारे में अंग्रेजी-हिंदी में अनेक पुस्तकें आये दिन प्रकाशित होती रहती हैं, किंतु वे हमारी छोटी-छोटी जिज्ञासाओं के सम्यक्‌ उत्तर नहीं दे पातीं। यह पुस्तक सामान्य पाठकों की समझ के अनुरूप लिखी गई है और इसमें विषय से संबंधित सभी छोटी-बड़ी जिज्ञासा ओं के बहुत रोचक ढंग से उत्तर दिये गये हैं।

–संपादक

विषय-सूची

अध्याय 1

रुधिर-परिसंचरण
(Blood circulation)

जब कभी भी हम किसी सबसे कीमती और आवश्यक वस्तु के बारे में बात करते हैं तो प्रायः यही कहते हैं कि इस वस्तु की हमें ऐसी आवश्यकता है जैसे कि हवा की। वास्तव में प्राचीन काल से विदित रहा है कि हवा के बिना मनुष्य कुछ क्षण भ्ज्ञी जीवित नहीं रह सकता। मनुष्य हवा से ऑक्सीजन प्राप्त करता है। ऑक्सीजन के बिना हमारे शरीर के अंदर वे जटिल रसायनिक प्रक्रियाएँ नहीं चल सकतीं जो जीवन का अस्तित्व कायम रखने के लिए परमावश्यक हैं। इन प्रक्रियाओं को द्रव्य-विनिमय कहते हैं। जब हम सांस लेते हैं तो ऑक्सीजन हमारे फेफड़ों में प्रवाहित हो रहे रुधिर के साथ मिल जाता है और उसके साथ-साथ सारे शरीर में फैल जाता है।

सब जानते हैं कि भोजन के बिना मानव भी बहुत देर तक जीवित नहीं रह सकता। पाचन-तंत्र में पहुँचकर भोजन साधारण रसायनिक पदार्थों में परिवर्तित हो जाता है। ये पदार्थ रुधिर में घुलकर सारे शरीर में फैल जाते हैं।

शरीर में रुधिर के लगातार प्रवाहित होने की क्रिया को रुधिर-परिसंचरण कहते हैं। इसके अतिमहत्त्वपूर्ण कार्यों में एक कार्य है—फेफड़ों से ऑक्सीजन तथा पाचन-तंत्र से पोषक पदार्थ शरीर के सभी अंगों व ऊतकों तक पहुँचाना।

इसके साथ-साथ रुधिर-परिसंचरण की आवश्यकता इसलिए भी होती है कि द्रव्य-विनिमय के दौरान उत्पन्न होने वाले कार्बन-डाइऑक्साइड तथा अन्य अनावश्यक हानिकारक पदार्थ शरीर के ऊतकों से बाहर निकल जाएं। रुधिर के द्वारा कार्बन-डाइऑक्साइड फेफड़ों में पहुँच जाता है और निःश्वासित हवा के साथ वह शरीर से बाहर निकल जाता है। अन्य हानिकारक पदार्थों का अधिकांश भाग रुधिर द्वारा गुर्दों में पहुँचाया जाता है, जहाँ से वह मूत्र के साथ शरीर से बाहर

निकल जाता है।

रुधिर-परिसंचरण के फलस्वरूप ही अंतःस्रावी ग्रंथियाँ* शरीर के अन्य अंगों की क्रियाओं को प्रभावित करती हैं। इन ग्रंथियों द्वारा उत्पन्न पदार्थ (जिनको हर्मोन कहते हैं) रुधिर में मिलकर सारे शरीर के अंदर फैल जाते हैं।

उक्त बातों से यह स्पष्ट है कि मनुष्य के अस्तित्व के लिए धमनियों व शिराओं के अंदर रुधिर का संचार कितना आवश्यक है। जब तक हम जीवित हैं, रुधिर-परिसंचरण एक मिनट के लिए भी नहीं रुकता। शरीर के अंदर रुधिर-परिसंचरण तभी ठीक होता है जब उसका हृदय तथा रुधिर-वाहिकाएँ अपना कार्य ठीक-ठीक करती है। हृदय तथा रुधिर-वाहिकाएँ मिलकर जो तंत्र बनाती हैं उसे हृद्वाहिका-तंत्र कहते हैं।

इस अध्याय में हम हृद्वाहिका-तंत्र के कार्य का वर्णन करेंगे।

विलगित हृदय

(Isolated heart)

प्रत्येक जीवविज्ञानी तथा शरीर-क्रिया-विज्ञानी जीवन की विभिन्न अभिव्यक्तियों का अध्ययन बड़े शौक़ से करता है। उनका पेशा बहुत ही आकर्षक तथा मज़ेदार होता है। हृदय की कार्यविधि का अध्ययन शरीर-क्रिया-विज्ञान का एक अति दिलचस्प विभाग है। हृदय शरीर के अन्य अंगों की तुलना में सबसे अधिक सक्रिय है, वह अपना कार्य तभी शुरू कर देता है जब बच्चा माँ के गर्भ में होता है। वह उस समय से मनुष्य की मृत्यु तक हर समय दिन-रात अपना काम चालू रखता है।

जैसे ही डाक्टर को माँ के पेट के अंदर भ्रूण के हृदय की धड़कन सुनाई देती है वह जान जाता है कि भावी मनुष्य का जीवन-काल आरंभ हो गया है। अगर हृदय की धड़कन सुनाई नहीं दे रही, नब्ज़ नहीं रही, तो इसका मतलब यह है कि मनुष्य का जीवन समाप्त हो गया है। यह बात ज़रूर सच है कि विज्ञान काफ़ी तरक्की कर रहा है और अब ऐसे साधन उपलब्ध हैं जिनकी सहायता से

* इन ग्रंथियों का यह नाम इसलिए रखा गया है कि वे बाह्य-स्रावी ग्रंथियों (स्वेद, लाला-ग्रंथि, जठर-ग्रंथि) की तरह स्रवण रुधिर के बाहर नहीं बल्कि अंदर करती हैं। अंतःस्रावी ग्रंथियों के अंतर्गत कंठ-ग्रंथि (thyroid), अधिवृक्क ग्रंथि (adrenals), पीयूषिका (hypophysis) आदि आती हैं।

रुके हृदय को फिर से चलाया जा सकता है। हृदय के पुनर्स्पंदन की यह क्षमता काफी हद तक उसके कुछ ऐसे आश्चर्यजनक गुणों पर निर्भर करती है जिनकी बदौलत वह शरीर से अलग कर दिए जाने के बाद भी अपना काम जारी रखता है।

शरीर से अलग कर दिए जाने के बाद अगर हृदय को एक विशेष उपकरण के साथ जोड़ दिया जाए तो उसकी धड़कन जारी रहती है। इस उपकरण से हृदय में पोषक द्रव प्रवाहित होता रहता है तथा अनावश्यक द्रव बाहर निकलता रहता है (चित्र 1)। एक विलगित हृदय का अध्ययन सप्राण जीव में हृदय की कार्यविधि समझने में काफ़ी सहायक होगा।

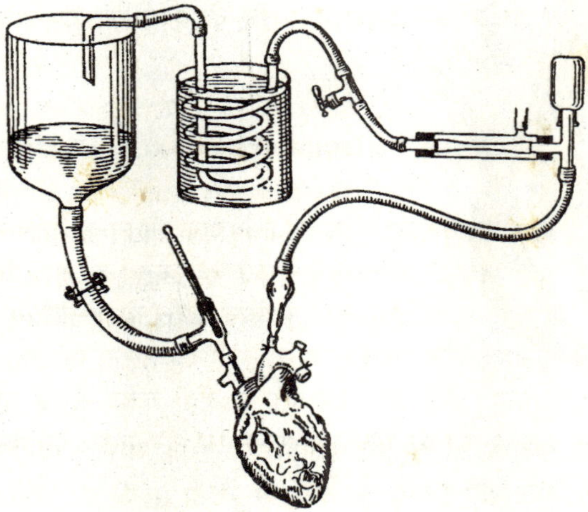

चित्र 1. विलगित हृदय के रास्ते द्रव प्रवाहित किया जा रहा है।

क्या कारण है कि शरीर से अलग कर दिए जाने के बाद भी हृदय धड़कता रहता है? ऐसी कौन-सी शक्ति है जो उसको जीवित रखती है? ऐसे कौन-से तंत्र हैं जिनकी बदौलत हृदय के विभिन्न भागों का संकुचन सदा एक ही क्रम में होता है? क्या कारण है कि हृदय के अंदर रुधिर सदा एक निश्चित दिशा में प्रवाहित होता है—अलिंदों से निलयों की ओर?

इन प्रश्नों का उत्तर देने से पहले हृदय की संरचना की जानकारी आवश्यक है।

हृदय की दीवारें तीन परतों से बनी होती हैं। अलिंदों और निलयों की आंतरिक सतह एक अति महीन झिल्ली से ढकी होती है, इसे अंतर्हृद्स्तर (endocardium) कहते हैं। बाहर वाली झिल्ली थोड़ी मोटी होती है, और स्वयं भी दो परतों से बनी होती है। इस झिल्ली को हृदावरण (pericardium) कहते हैं। सबसे मोटी मध्य परत हृत्पेशी (myocardium) कहलाती है तथा यह हृदय का मुख्य भाग होती है।

हृदय की पेशी संयोजी ऊतक द्वारा चार कक्षों में बंटी होती है। ऊपर बिल्कुल पास-पास एक-दूसरे से असंबंधित दो अलिंद होते हैं जिनके नीचे दो निलय होते

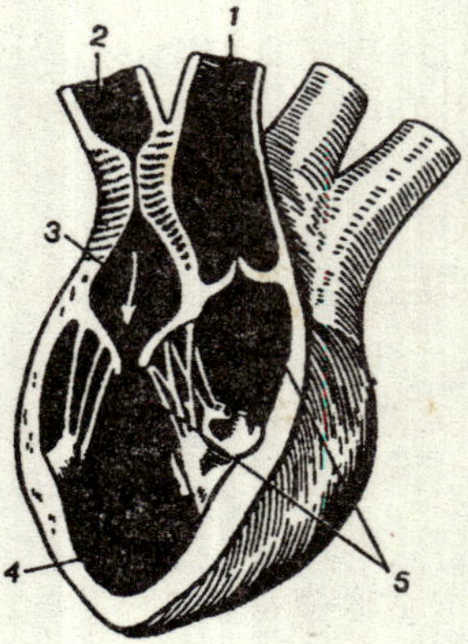

चित्र 2. हृदयकोटरों का अनुभाग। तीर का चिन्ह रुधिर प्रवाह की दिशा बता रहा है (बाएँ अलिंद से बाएँ निलय की ओर)। अलिंद तथा निलय के बीच वाला रंध्र खुला हुआ है परंतु निलय तथा महाधमनी के बीच वाला रंध्र कपाटों से बंद किया हुआ है। 1. महाधमनी; 2. शिरा; 3. बायां अलिंद; 4. बायां निलय; 5. कपाट।

हैं। निलयों की पेशियाँ अलिंदों की पेशियों से अधिक मज़बूत होती हैं। अलिंदों की भांति दाएँ तथा बाएँ निलय के बीच भी किसी प्रकार का संबंध नहीं होता है। परंतु प्रत्येक अलिंद अपने नीचे स्थित निलय के साथ एक रंध्र द्वारा जुड़ा रहता है। इस रंध्र में एक कपाट (valve) होता है जो केवल निलय की ओर ही खुलता है (चित्र 2)। कंडराएँ (tendinous strings) इस कपाट को विपरीत दिशा में अर्थात् अलिंद की ओर खुलने से रोकती हैं।

बाएँ अलिंद को बाएँ निलय से पृथक् करने वाले कपाट (में दो पुटक होते हैं। इसलिए इसे द्विकपर्दी कपाट या मिट्रल कपाट (mitral valve) कहते हैं। दाएँ अलिंद को दाएँ निलय से पृथक् करने वाले कपाट में तीन पुटक होते हैं जिस कारण इसे त्रिकपर्दी कपाट (tricuspid valve) कहते हैं।

इसके अतिरिक्त निलयों में कुछ अन्य रंध्र भी होते हैं जिनके द्वारा हृदय बड़ी रुधिर-वाहिकाओं-महाधमनी और फुप्फुस धमनी से जुड़ा होता है। इन

रुधिर-वाहिकाओं (महाधमनी और फुफ्फुस धमनी) तथा निलयों के बीच वाले रंध्रों में भी तीन कपाट होते हैं जो केवल इन वाहिकाओं के अंदर ही खुलते हैं। ये कपाट अर्द्धचंद्राकार होते हैं जिस कारण इनको अर्द्धचंद्राकार कपाट (semilunar) कहते हैं।

इस प्रकार हम यह कह सकते हैं कि हृदय की बनावट चार-कक्षों वाले एक पम्प की तरह होती है जिसके अंदर कपाटों का एक सुनिश्चित क्रम होता है। इन कपाटों के कारण रुधिर का प्रवाह केवल एक दिशा में संभव होता है—शिराओं से अलिंदों की ओर, अलिंदों से निलयों की ओर, निलयों से धमनियों की ओर। एक विलगित हृदय में रुधिर की जगह पोषक पदार्थों तथा आक्सीजन से युक्त एक विशेष प्रकार का द्रव प्रवाहित होता रहता है।

जब अलिंद संकुलिच होते हैं (अलिंदी प्रकुंचन) (auricular systole) तब अलिंद-निलयी कपाट खुले जाते हैं और द्रव निलयों में प्रवेश कर जाता है। जब निलय संकुचित होते हैं (ventricular systole-निलयी प्रकुंचन), तब उनके अंदर द्रव का दाब बढ़ जाता है जिसके फलस्वरूप अलिंद-निलयी कपाट बंद हो जाते हैं परंतु निलयों और धमनियों के बीच वाले कपाट खुल जाते हैं और द्रव धमनियों के अंदर आ जाता है। जब हृदय की पेशियाँ विश्रामावस्था में होती हैं (इसे अनुशिथिलन (diastole) कहते हैं), तब यह द्रव हृदय के अंदर आ जाता है और जब ही निलय संकुचित होते हैं, द्रव हृदय से बाहर निकल जाता है।

हृदय एक निश्चित गति से धड़कता रहता है तथा इसके विभिन्न भाग हर समय ऊपर बताए क्रम के अनुसार संकुचित होते रहते हैं।

जब हम एक विलगित हृदय की कार्यविधि का अध्ययन करते हैं, हमारे मन में एक सवाल उठता है, कि ऐसी कौन सी चीज़ है जो हृदय के इतने जटिल कार्य का नियंत्रण करती है? वह अदृश्य 'निर्देशक' कहाँ है जो हृदय की गति तथा ताल निर्धारित करता है और उसकी सुनिश्चित कार्यगति का क्रम व्यवस्थित करता है—सबसे पहले अलिंदों का संकुचन, इसके बाद निलयों का, फिर विश्राम और फिर दोबारा अलिंदों का संकुचन आदि? विलगित हृदय क्यों कई घंटों तक इतनी अच्छी तरह से कार्य कर सकता है? ऐसी कौन सी चीज़ है जो हृदय को सप्राण जीव के अंदर वर्षों तक कार्य योग्य बनाए रखती है—हृदय को, जो कि रुधिर-वाहिकाओं तथा शिराओं द्वारा सारे शरीर के साथ जुड़ा होता है, जो खुद रुधिर लेता है और सारे शरीर को भी रुधिर देता है?

ऐसे 'निर्देशक' की भूमिका निभाने वाला तंत्र चित्र 3 में दिखाया गया है। शरीर की सभी पेशियों में केवल हृदय की पेशी में ही ऐसी क्षमता है। हृदय के

दाएँ अलिंद में जहाँ सारे शरीर से रुधिर को इकट्ठा करने वाली बड़ी शिरा घुस रही होती है, वहाँ विशेष संरचना और गुण वाली कोशिकाओं का एक समूह होता है जिसको कोटरालिंद ग्रंथि (sino-atrial node) कहते हैं। यही वह मुख्य 'निर्देशक' है जो हृदय की गति तथा ताल निर्धारित करता है और स्पंद की तरंगें (impulses) हृदय की पेशियों में भेजता है।

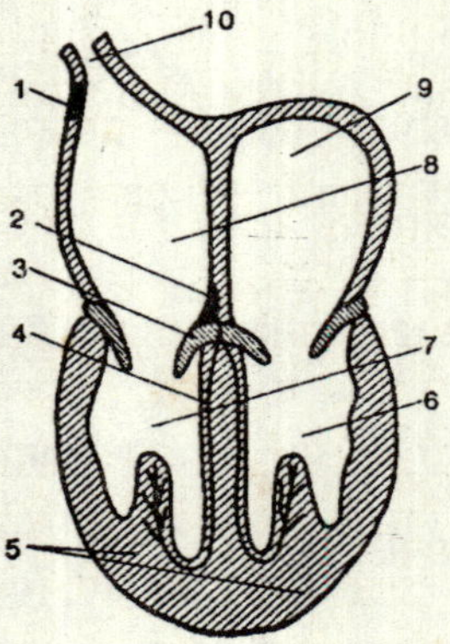

चित्र 3. विलगित हृदय के संकुचन का नियंत्रण करने वाला अंतर्हृदयी तंत्र। 1. मुख्य कोटरालिंद ग्रंथि; 2. अधीनस्थ (अलिंद-निलय) नोड; 3. अलिंद निलय का बंडल; 4. इसकी शाखाएँ; 5. निलय पेशी का शाखन; 6. बायाँ निलय; 7. दायाँ निलय; 8. दायाँ अलिंद; 9. बायां अलिंद; 10. ऊर्ध्व खोखली शिरा।

विभिन्न जंतुओं और मनुष्यों तथा इसके साथ-साथ एक ही आदमी या जन्तु के अंदर अलग-अलग समय पर कोटरालिंद ग्रंथि कभी कम उद्दीपित होती है तो कभी ज़्यादा। कोटरालिंद ग्रंथि के स्पंदन की गति शरीर की रक्त-सप्लाई की आवश्यकता तथा कुछ अन्य कारणों पर, विशेषतः तंत्रिका-तंत्र की स्थिति पर, निर्भर करती है। पिछले लाखों सालों के अंदर प्रत्येक जंतु के हृदय-संकुचन की औसत गति उसके चारों ओर की परिस्थितियों के अनुसार निश्चित हो गई है।

कोटरालिंद ग्रंथि भी अन्य ग्रंथियों तथा 'पुलियों' की तरह एक जंतु के शरीर से विलगित हृदय के अंदर रह जाती है तथा कई घंटों तक उसकी पेशी को स्पंदन भेजती रहती है जिसके कारण हृदय का संकुचन जारी रहता है।

कोटरालिंद नोड (node of the first order) से चलकर उद्दीपन सर्वप्रथम अलिंदों में पहुँचता है जिससे वे सिकुड़ने लगते हैं; इस कार्य में लगभग 0.15 सेकेंड लगते हैं। अलिंदों से चलकर उद्दीपन अलिंदनिलयी नोड (node of the second order) में पहुँचता है और उसके साथ जुड़े अलिंदों तथा निलयों के बीच स्थित पुलिया (bridge) से गुजरता है। इस सारे कार्य में आमतौर पर 0.1 सेकेंड का समय लगता है। इसके बाद उद्दीपन पुलिया के दाएँ तथा बाएँ

'पैरों' और निलयों की पेशी में स्थित उनकी सूक्ष्मतम शाखाओं में फैल जाता है जिसके कारण वे लगभग एक साथ सिकुड़ते हैं; इसमें लगभग 0.25 सेकेंड का समय लगता है।

सर्वविदित है कि हमारे शरीर की सभी पेशियाँ निम्न गुणों से युक्त होती हैं : वे विभिन्न प्रकार के उद्दीपन के कारण उत्तेजित हो सकती हैं, इस उद्दीपन को पेशियों के ऊतकों की सहायता से वे आगे पहुँचा सकती हैं, उद्दीपन के उत्तर में वे सिकुड़ सकती हैं। हृदय की पेशी में भी ये सारे गुण विद्यमान होते हैं परंतु इसके साथ-साथ शरीर की अन्य पेशियों से इनमें भिन्नता यह है कि हृदय-पेशी का उद्दीपन विशेष चालकों के रास्ते प्रसारित हो सकता है (अलिंद-निलयी पुलिया व इसकी शाखाओं के रास्ते)

हृत्पेशी की एक और विलक्षण विशेषता है और वह यह है कि इसकी कोटरालिंद ग्रंथि यंत्रवत् निश्चित गति व ताल से उद्दीपन की अवस्था में आ जाती है। यही कारण है कि शरीर से विलगित हृदय भी कुछ निश्चित परिस्थितियों में बहुत लंबे अर्से तक सिकुड़ता रहता है।

साधारण अवस्था में, जब हृदय रुधिर-वाहिकाओं, तंत्रिका-तंत्र व ऊतकी द्रवों द्वारा सारे के सारे शरीर के साथ जुड़ा होता है, उसकी ऊपर वर्णित कार्य-गति का तंत्र बराबर बना रहता है परंतु इसके अतिरिक्त हृदय के संकुचन की गति, लय तथा शक्ति तंत्रिका-तंत्र पर भी निर्भर करती है।

तंत्रिका-तंत्र का हृदय की गतिविधि पर प्रभाव

विभिन्न अंगों तथा ऊतकों का समन्वित कार्य जीव को स्थिरता तथा जीवनक्षमता प्रदान करता है। हमारे शरीर के सभी अंगों, विशेषतः हृदय तथा रुधिर-वाहिकाओं के कार्यों का प्रमुख नियंत्रक मस्तिष्क का कार्टेक्स है। मस्तिष्क के निचले भागों का नियंत्रण भी कॉर्टेक्स द्वारा होता है, इसको सबकॉर्टेक्स कहते हैं। मनुष्य की प्रतिवर्त्ती क्रिया (reflex ability) जो मनुष्य के अधिकार से बाहर होती है। सबकॉर्टेक्स की गतिविधि से ही संबंधित है।

यह निरोपाधिक प्रतिवर्त्त या सहज प्रवृतियों को, (जैसी आहारिक (alimentary), रक्षात्मक (defensive) आदि। सुनिश्चित करती है। इसके अतिरिक्त यह भावों (डर, क्रोध, प्रसन्नता आदि) की अभिव्यक्ति में भी महत्त्वपूर्ण भूमिका निभाती है। सबकॉर्टेक्स की कार्यगति के लिए शरीर की अतिआवश्यक क्रियाओं—रुधिर-परिसंचरण, श्वसन, पाचन, द्रव्य-विनिमय आदि—का नियंत्रण भी कम आवश्यक नहीं है। सबकॉर्टेक्स में स्थित कई संगत केन्द्र कायिक या स्वायत

(autonomous) तंत्रिका-तंत्र द्वारा शरीर के विभिन्न आंतरिक अंगों तथा ऊतकों, विशेषतः हृद्वाहिका-तंत्र के साथ जुड़े रहते हैं। इसके दोनों भागों अनुकंपी (sympathetic) और परानुकंपी (parasympathetic or vagus) में से किसी भी एक भाग के उद्दीपन के फलस्वरूप हृदय तथा रुधिर-वाहिकाओं की गतिविधि बदल जाती है।

जब भी विभिन्न अंगों को अधिक रुधिर की आवश्यकता पड़ती है, वे केन्द्रीय तंत्रिका-तंत्र को 'संकेत' भेजते हैं, इसके उत्तर में वहाँ से हृदय तथा रुधिर-वाहिकाओं को आवेग भेजे जाते हैं। इसके परिणामस्वरूप अंगों को उनकी आवश्यकतानुसार कम या अधिक रुधिर प्राप्त होता रहता है।

वर्धी (कायिक) तंत्रिका-तंत्र हृद्वाहिका-तंत्र की गतिविधि पर काफी प्रभाव डालता है। अनुकंपी तथा परानुकंपी तंत्रिकाओं के सिरे हृदय की पेशी के अंदर स्थित ऊपर वर्णित नोडों के साथ सीधे जुड़े रहते हैं। उन्हीं के बल पर वे हृदय के संकुचन की गति, ताल तथा शक्ति को प्रभावित कर पाते हैं।

अनुकंपी तंत्रिकाओं के उद्दीपन के फलस्वरूप हृदय का संकुचन तीव्र हो जाता है। इसी समय हृदय की पेशी में प्रवाहित होने वाले आवेग की गति में भी तेज़ी आ जाती है, सभी रुधिर-वाहिकाएँ (हृदय के अंदर वाली वाहिकाओं को छोड़कर) सिकुड़ जाती हैं और धमनी दाब (arterial pressure) बढ़ जाता है।

परानुकंपी तंत्रिका का उद्दीपन कोटरालिंद ग्रंथि की उद्दीपन-क्षमता को कम कर देता है जिसके कारण हृदय की धड़कन भी धीमी हो जाती है। इसके अतिरिक्त अलिंद-निलयी पुलिया में आवेग के प्रसारण की गति मंद (कभी-कभी बहुत ही मंद) हो जाती है। परानुकंपी तंत्रिका में बहुत अधिक उद्दीपन आने पर कभी-कभी आवेग बिल्कुल ही प्रसारित नहीं होता, जिसके फलस्वरूप अलिंदों तथा निलयों के बीच समन्वय टूट जाता है। इस प्रक्रिया को हृदय-रोध (heart block) कहते हैं।

साधारण अवस्थाओं में यानी हृदय पर साधारण प्रभाव की परिस्थिति में परानुकंपी तंत्रिका हृदय को शांत रखती है। इसी वजह से महान रूसी शरीर विज्ञानी इ. पाव्लोव ने कहा कि हम परानुकंपी तंत्रिका को किसी हद तक "विश्राम-तंत्रिका" या "हृदय के विश्राम को नियंत्रित करने वाली तंत्रिका" कह सकते हैं।

वर्धी तंत्रिका-तंत्र हृदय तथा रुधिर-वाहिकाओं पर हर समय अपना प्रभाव बनाए रखता है। इस प्रकार वह हृदय के संकुचन की गति और शक्ति तथा

रुधिर-वाहिकाओं के ल्यूमेन (lumina) के आकार को प्रभावित किए रहता है।

हृदय तथा रुधिर-वाहिकाएँ बहुसंख्यक प्रतिवर्त्तों में भी भाग लेती हैं। ये प्रतिवर्त्त उन उद्दीपकों से उत्पन्न होते हैं जो या तो बाह्य परिवेश से आते हैं या शरीर के खुद के अंदर उत्पन्न होते हैं। उदाहरण के लिए ऊष्मा हृदय के संकुचन की गति तीव्र कर देती है तथा रुधिर-वाहिकाओं को फुला देती है जबकि ठंड हृदय की धड़कन को मंद कर देती है, त्वचा की रुधिर-वाहिकाओं को सिकोड़ देती है जिसके कारण त्वचा पीली पड़ जाती है। जब हम चल-फिर रहे होते हैं, या कठोर परिश्रम कर रहे होते हैं हमारा हृदय अधिक तेज़ी से तथा अधिक शक्ति से धड़कने लगता है। इसके विपरीत जब हम विश्राम कर रहे होते हैं हृदय धीरे-धीरे तथा निर्बलता से धड़कता है। पेट में बहुत ज़ोर से चोट लगने पर परानुकंपी तंत्रिका के प्रतिवर्त्ती उद्दीपन के फलस्वरूप हृदय की गति रुक सकती है। शरीर को विभिन्न प्रकार की क्षतियाँ पहुँचने पर बहुत अधिक पीड़ा के परिणामस्वरूप भी परानुकंपी तंत्रिका उद्दीपित हो सकती है जिससे हृदय की धड़कन मंद हो जाती है।

कॉर्टेक्स व सबकॉर्टेक्स के क्षेत्रों का उद्दीपन (वाचिक या किसी अन्य प्रकार का उद्दीपन) वर्धी तंत्रिका-तंत्र के दोनों भागों (अनुकंपी या परानुकंपी तंत्रिका) को प्रभावित करता है। ऐसा उद्दीपन बहुत डर, बड़ी खुशी या दूसरी भावनाओं से उत्पन्न होता है। इससे हृदय कभी तेजी से धड़कता है तो कभी हल्के से, रुधिर-वाहिकाएँ कभी फूल जाती हैं और कभी सिकुड़ जाती हैं और मनुष्य का चेहरा कभी लाल हो जाता है और कभी पीला।

आंतरिक स्राव ग्रंथियाँ हमेशा इस क्रिया में भाग लेती हैं। ये ग्रंथियाँ खुद अनुकंपी तथा परानुकंपी तंत्रिकाओं से प्रभावित रहती हैं तथा हार्मोनों की सहायता से इन तंत्रिकाओं पर प्रभाव भी बनाए रखती हैं।

उक्त तथ्यों से यह स्पष्ट है कि हृद्‌वाहिका-तंत्र तथा तंत्रिकाओं व रसायनिक नियंत्रकों के बीच संबंध कितना बहुमुखी है तथा तंत्रिकाओं का हृदवाहिका-तंत्र पर कितना बड़ा अधिकार है (चित्र 4)।

वर्धी तंत्रिका-तंत्र सीधा मस्तिष्क के प्रभाव में रहता है, वह मस्तिष्क से लगातार विभिन्न प्रकार के आवेग प्राप्त करता रहता है जिससे कभी अनुकंपी तंत्रिका उद्दीपित हो जाती है और कभी परानुकंपी। प्रमस्तिष्क का कार्टेक्स सभी अंगों की गतिविधि में मार्गदर्शी भूमिका निभाता है। यह तथ्य इस बात से भी सिद्ध होता है कि हृदय की गतिविधि वैसे-वैसे बदलती रहती है जैसे-जैसे जीव को रुधिर की आवश्यकता बदलती जाती है। एक वयस्क मनुष्य का स्वस्थ हृदय

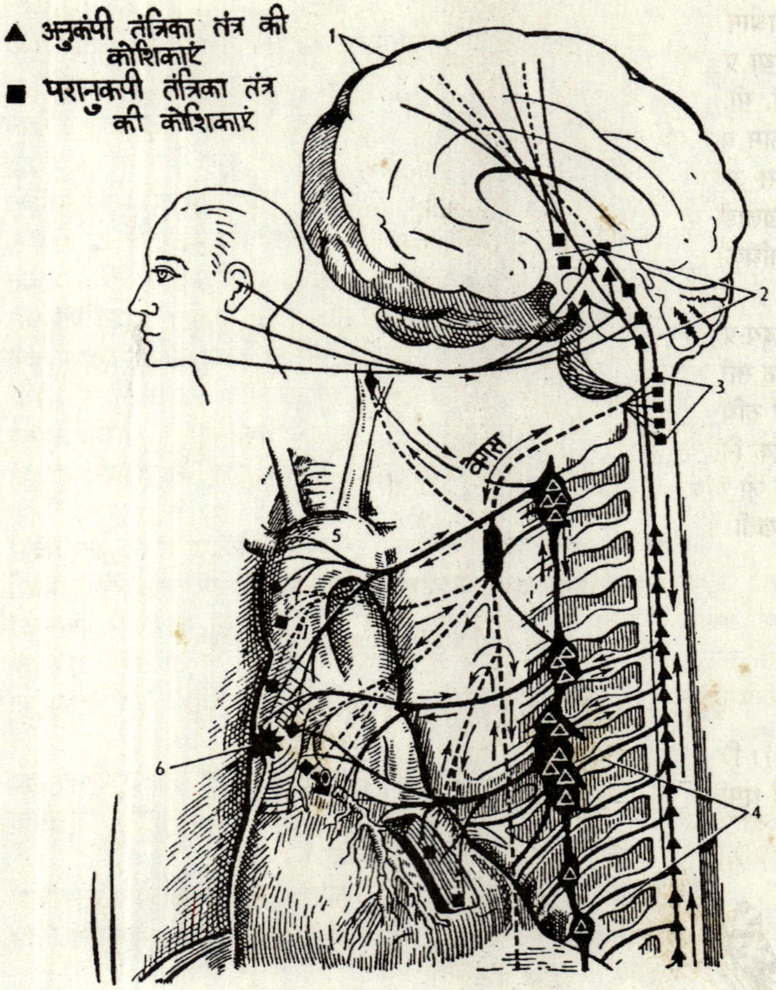

चित्र 4. तंत्रिका तंत्र हर समय हृदय की धड़कन की गति तथा लय पर असर डालता रहता है।

1. कार्टेक्स 2. सबकार्टेक्स में स्थित तंत्रिका तंत्र के केंद्र; 3. वेगस तंत्रिका के "न्यूक्लियस"; 4. अंतराकशेरुका नोड; 5. महाधमनी की सतह पर बना तंत्रिका तंत्र का जालक; 6. हृदय की मुख्य नोड।

विश्राम की अवस्था में प्रति मिनट 60 से 80 बार तक सिकुड़ता है। विश्रांति तथा प्रकुंचन की अवस्था में वह वाहिकाओं में लगभग 60-80 मिलीलीटर (घन सें. मी.) रुधिर फेंकता है। कठोर परिश्रम करते समय पेशियाँ काफ़ी शक्ति से काम कर रही होती हैं तथा उन्हें बहुत ज़्यादा रुधिर की आवश्यकता होती है; इस अवस्था में फेंके गए रुधिर की मात्रा काफ़ी बढ़ जाती है। (एक प्रशिक्षित खिलाड़ी के शरीर के अंदर प्रकुंचन के दौरान 2000 मिलीलीटर या इससे भी अधिक)।

ऊपर हमने यह बताया है कि हृदय किस प्रकार कार्य करता है, किस प्रकार हृदय-प्रकुंचन की गति व शक्ति बदलती रहती है। परंतु हमने यह नहीं बताया कि सारे शरीर के अंदर रुधिर-परिसंचरण किस प्रकार होता है, शरीर की वाहिकाओं में रुधिर कैसे प्रवाहित होता है, ऐसी कौन-सी शक्ति है जो रुधिर को हर समय एक निश्चित दिशा में, निश्चित गति से प्रवाहित करती रहती है, ऐसी क्या चीज़ है जो रुधिर-वाहिकाओं के भीतर रुधिर-परिसंचरण के लिए आवश्यक दाब बनाए रखती है?

दैहिक तथा फुप्फुसी रुधिर-परिसंचरण

(Systemic and Pulmonary Circulation)

रुधिर-वाहिकाएँ हृदय से निकलती हैं और हृदय में ही खत्म होती हैं। (चित्र 5)। जिन वाहिकाओं के रास्ते रुधिर हृदय की ओर बहता है उन्हें शिराएँ कहते हैं धमनियों के रास्ते रुधिर हृदय से अतिमहीन रुधिर-वाहिकाओं-केशिकाओं की

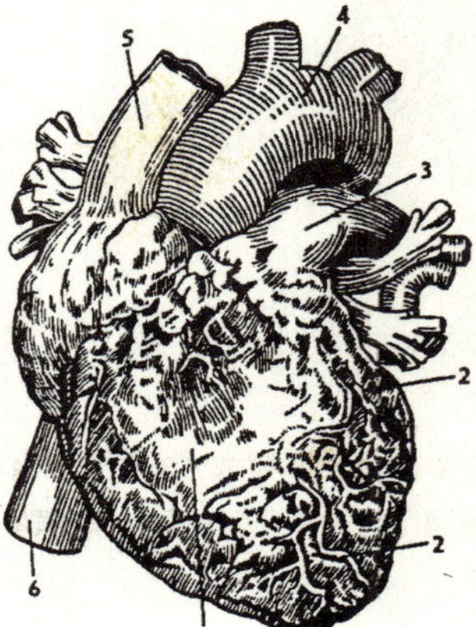

चित्र 5. हृदय तथा इससे निकलती बड़ी रुधिर वाहिकाएँ।

1. दायाँ निलय; 2. बायां निलय; 3. फुप्फुस धमनी; 4. महाधमनी; 5. ऊर्ध्व खोखली शिरा; 6. निम्न खोखली शिरा।

ओर बहता है।

सबसे बड़ी धमनी, जो सीधी बाएँ निलय से निकलती है, महाधमनी कहलाती है। यह धमनी इस निलय से ऊपर बताए कपाटों द्वारा अलग हुई रहती है। यह हृदय के ऊपर की ओर बढ़ती हुई एक गांठ-सी बनाती है, फिर नीचे की ओर बढ़ती है; और मध्यपट (diaphragm) से गुजरकर उदरीय विवर में घुस जाती है। महाधमनी से छोटी-छोटी धमनियाँ निकलती हैं जो सिर, हाथों, पैरों, अंतरंग अंगों तथा शरीर के अन्य सभी भागों फैली रहती हैं।

धमनियाँ विभाजित होती-होती छोटी-छोटी शखाओं में बदलती जाती हैं। आगे चलकर वे इतनी बारीक हो जाती हैं कि उनको केवल एक सूक्ष्मदर्शी में देखा जा सकता है—इनको केशिकाएँ कहते हैं (ये मनुष्य के बाल से भी ज़्यादा बारीक होती हैं)

केशिकाएँ शिराओं का रूप ले लेती हैं (चित्र 6)। ये शिराएँ धमनियों के पास स्थित होती हैं तथा हृदय की ओर बढ़ती हैं। शिराएँ मिलकर दो मोटी-मोटी शिराएं बनाती हैं—ऊर्ध्व खोखली शिरा और निम्न खोखली शिरा। इन शिराओं के रास्ते रुधिर दाएँ अलिंद में प्रवाहित होता है।

धमनियों, शिराओं तथा केशिकाओं की संरचना एक-दूसरे से भिन्न होती है।

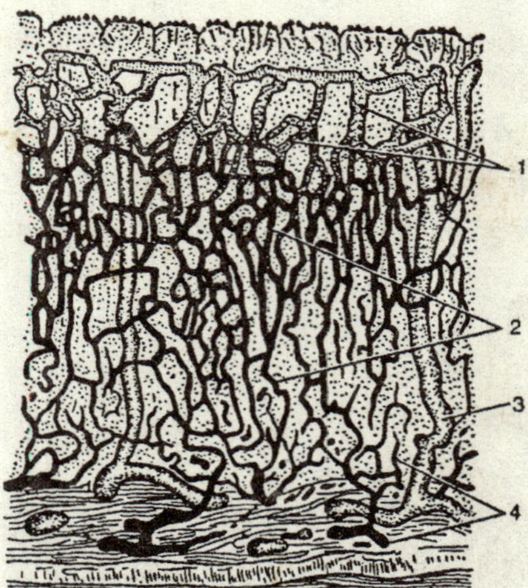

चित्र 6. धमनियों के सिरे केशिकाओं में परिवर्तित हो जाते हैं और केशिकाएँ महीन शिराओं में।

1. केशिका का शिरा-पाद, 2. केशिका का धमनी-पाद, 3. शिरा, 4. धमनियों के सिरे।

धमनी की दीवार में तीन परतें होती हैं—आंतरिक परत, मध्यवर्त्ती परत तथा बाह्य परत। आंतरिक परत चपटे आकार की कोशिकाओं द्वारा रुधिर से संपर्क बनाए रखती है तथा बाह्य परत संयोजी ऊतकों से बनी होती है। मध्यवर्त्ती परत अलग-अलग धमनियों के अंदर विभिन्न प्रकार की होती है। बड़ी धमनियों की मध्यवर्त्ती परत लचीले संयोजी ऊतकों से बनी होती है। इस परत के अंदर संकुचन योग्य पेशीय ऊतकों की संख्या काफ़ी कम होती है जबकि इसके विपरीत छोटी धमनियों के अंदर पेशीय ऊतक (गोलाकार) काफ़ी ज़्यादा होते हैं।

संवेदी तंत्रिकाओं के सिरे धमनियों की दीवारों के अंदर स्थित रहते हैं। इनकी सहायता से केंद्रीय तंत्रिका-तंत्र को रक्त-दाब के "संकेत" भेजे जाते हैं जो कभी कम हो जाता है और कभी ज़्यादा। इसके साथ-साथ वे रुधिर की रसायनिक रचना के बारे में भी सूचना देते हैं। उदाहरण के लिए, अगर रुधिर में कार्बन डाइऑक्साइड की मात्रा बढ़ जाती है तो इसके बारे में मस्तिष्क के अंदर स्थित श्वसन-केन्द्र को संकेत मिल जाते हैं। इसके उत्तर में मस्तिष्क से आवेग श्वसन-अंगों की ओर जाता है और श्वसन-गति बढ़ाता है।

धमनी की आंतरिक परत आगे चलकर केशिका की बारीक दीवार का रूप ले लेती है जो कोशिकाओं के केवल एक स्तर से बनी होती है। केशिका का व्यास 5 से 20 माइक्रोन (1 माइक्रोन =0.001 मिली-मीटर) के बीच होता है। केशिकाओं की बारीक दीवारों के रास्ते आक्सीजन तथा पोषक पदार्थ अंतर्कोशिकीय द्रव में प्रवेश करते हैं जहाँ से रुधिर को कार्बन-डाइआक्साइड तथा ऊतकों में होने वाले द्रव्य-विनिमय के कुछ पदार्थ प्राप्त हो जाते हैं। इस प्रकार यहाँ आकर रुधिर की रसायनिक संरचना परिवर्तित हो जाती है जिसके कारण उसका रंग भी बदल जाता है : हल्के लाल रंग का धमनीय रुधिर नीले रंग के शिरीय रुधिर का रूप ले लेता है।

केशिका में एक धमनी-पाद तथा एक शिरा-पाद होता है। शिरापाद आगे बढ़कर एक बारीक शिरा में परिवर्तित हो जाता है। केशिकाओं में भी धमनियों की तरह बहुत सारे संवेदी तंत्रिक सिरे होते हैं।

शिराओं में धमनियों की भाँति चपटे आकार वाली कोशिकाओं का बना एक आंतरिक स्तर, कुछ पेशीय रेशे (रेखांतरीय और गोल) तथा कुछ लचीले रेशे होते हैं। शिराओं के आंतरिक स्तर की तहें कुछ कपाट बनाती हैं (चित्र 8)। जब रुधिर हृदय की ओर बहता है तब ये कपाट खुल जाते हैं। इसके तुरंत बाद वे बंद हो जाते हैं जिससे रुधिर वापस न जा सके। शिराओं के अंदर तंत्रिकीय रेशे होते हैं। खोखली शिरा तथा फुप्फस शिरा जिस जगह पर अलिंद में प्रवेश

कर रही होती हैं वहाँ पर कुछ संवेदी तंत्रिकाएँ होती हैं जो शिरीय दाब से प्रभावित होती रहती हैं।

ऊर्ध्व खोखली शिरा शरीर के ऊपरी भाग तथा भुजाओं से रुधिर एकत्रित करती है तथा खोखली निम्न शिरा शरीर के निचले भाग, टांगों तथा पेट के विवर से। जठर, आंतों तथा अन्य उदरीय अंगों का शिरीय रुधिर निम्न खोखली शिरा में घुसने से पहले निवाहिका शिरा में एकत्रित होता है। यह शिरा यकृत् में पहुँचकर केशिकाओं में विभाजित हो जाती है। इसके बाद रुधिर यकृतीय ऊतक को पार करता हुआ यकृतीय शिरा में पहुँचता है जो निम्न खोखली शिरा में गिरती है।

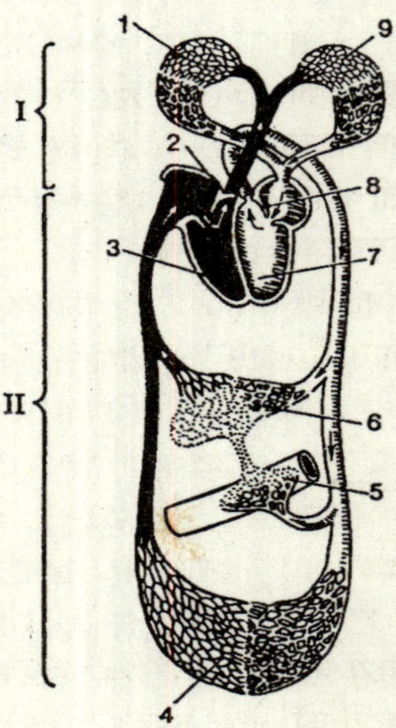

चित्र 7. दैहिक तथा फुप्फुस रुधिर परिसंचरण। I-फुप्फुसी रुधिर परिसंचरण; II-दैहिक रुधिर परिसंरण 1. दायाँ फेफड़ा; 2,8. कपाट; 3. हृदय का दायाँ हिस्सा; 4. विभिन्न अंगों से गुजरती रुधिर वाहिकाएँ; 5. आंत; 6. यकृत; 7. हृदय का बायाँ हिस्सा; 9. बायाँ फेफड़ा।

रुधिर द्वारा बाएँ निलय से दाएँ अलिंद तक का तय किया गया रास्ता दैहिक रुधिर-परिसंचरण (systemic blood circulation) कहलाता है (इसे अगर अर्द्धचंद्राकार परिसंचरण कहें तो और भी अच्छा होगा) (चित्र 7)। इस परिसंचरण के दौरान रुधिर-वाहिकाएँ शरीर के अधिकांश भाग को रुधिर देती हैं। बाक़ी बचे कुछ थोड़े-से अंग फुप्फुसी परिसंचरण के परिणामस्वरूप रुधिर प्राप्त करते हैं।

फुप्फुस धमनी दाएँ निलय से निकलकर छोटी-छोटी धमनियों में विभाजित हो जाती है जो आगे बढ़कर फुप्फुसी कूपिकाओं में केशिकाओं का एक घना जाल बनाती है। इन कूपिकाओं के अंदर श्वसन के दौरान वायु का आदान-प्रदान होता रहता है।

फुप्फुसी केशिकाओं से चलकर रुधिर फुप्फुसी शिराओं में पहुँचता है। ये शिराएँ बाएँ अलिंद में गिरती हैं।

रुधिर द्वारा दाएँ निलय से बाएँ अलिंद तक तय किया गया रास्ता फुप्फुसी

रुधिर परिसंचरण (pulmonary blood circulation) कहलाता है।

फुप्फुसी केशिकाओं में पहुँचकर रुधिर फेफड़े में घुसी वायु से आक्सीजन लेकर श्वसन के रास्ते कार्बन डाइआक्साइड बाहर निकाल देता है। इसी के परिणामस्वरूप दैहिक रुधिर-परिसंचरण की केशिकाओं की भांति फुप्फुसी परिसंचरण की केशिकाओं में भी रुधिर की रसायनिक संरचना परिवर्तित हो जाती है; अंतर केवल यह है कि इस बार यह प्रक्रिया विपरीत दिशा में होती है और रुधिर फिर से गहरे लाल रंग का हो जाता है। ऑक्सीजन से संपन्न हुआ रुधिर हृदय की ओर बढ़ता है और हृदय से होकर दैहिक रुधिर-परिसंचरण की धमनियों में आ जाता है।

शरीर के सभी अंगों, ऊतकों, विशेषतः हृदय को सदा ऑक्सीजन की आवश्यकता रहती है। कठोर परिश्रम के समय आक्सीजन की मात्रा अधिक हो जानी चाहिए। इसकी पूर्ति दो तरीकों से की जाती है। पहला यह कि कार्यरत अंग को अधिक रुधिर प्रदान किया जाता है। दूसरा यह कि श्वसन की गति बढ़ जाने के कारण रुधिर को ज़्यादा आक्सीजन मिलने लगता है। इन बातों से यह स्पष्ट है कि श्वसन तथा रुधिर-परिसंचरण आपस में कितने अधिक संबंधित हैं।

किरीटीय रुधिर-परिसंचरण

(Coronary Blood Circulation)

शरीर के अन्य अंग हृदय की तुलना में प्रायः निष्क्रिय अवस्था में रहते हैं जबकि हृदय हर समय कार्यरत रहता है। इसी कारणवश हृदय को अन्य अंगों की अपेक्षा रुधिर की बेहतर सप्लाई की आवश्यकता होती है। दैहिक रुधिर-परिसंचरण में भाग लेने वाले कल रुधिर का लगभग 10% भाग हृदय से होकर बहता है हालांकि हृदय का वज़न शरीर के कुछ वज़न का 0.5% भाग होता है। इस प्रकार शरीर के अन्य अंगों की तुलना में हृदय उनसे 20 गुना अधिक रुधिर प्राप्त करता है। कठोर परिश्रम करते समय रुधिर की यह मात्रा और भी अधिक बढ़ जाती है (4 से 5 गुना तक)

हृदय की धमनियाँ उसे एक किरीट की भांति घेरे रहती हैं जिस कारण इन्हें किरीटीय धमनियाँ कहते हैं। धमनियों, केशिकाओं व शिराओं में रुधिर-प्रवाह के रास्ते को किरीटीय रुधिर-परिसंचरण कहते हैं। किरीटीय धमनियाँ, जो हृदय को ऑक्सीजन युक्त रुधिर प्रदान करती हैं, महाधमनी से उस जगह पर अलग

हो जाती हैं जहाँ दैहिक रुधिर-परिसंचरण शुरू हो रहा होता है।

अन्य धमनियों की भांति किरीटीय धमनियाँ भी तंत्रिकाओं के प्रभाव में बनी रहती हैं। फ़र्क़ केवल इतना होता है कि हमारे शरीर की अधिकांश धमनियाँ अनुकंपी तंत्रिका के प्रभावस्वरूप सिकुड़ती हैं जबकि हृदय की धमनियों में यह प्रक्रिया परानुकंपी तंत्रिका के प्रभाव स्वरूप होती है।

रक्तदाब

(Blood Pressure)

दैहिक तथा फुप्फुसी रुधिर-परिसंचरण में रुधिर के लगातार प्रवाह का श्रेय हृदय तथा रुधिर-वाहिकाओं को जाता है। हम ऊपर बता चुके हैं कि हृदय किस प्रकार कार्य करता है तथा इसकी कार्यगति को कौन-कौन सी बातें प्रभावित करती हैं। यहाँ यह बताना आवश्यक है कि रुधिर-परिसंचरण में मुख्य भूमिका निलयों की होती है; अलिंदों की भूमिका काफी कम है। यह बात इस तथ्य से स्पष्ट है कि मनुष्य के अलिंद अगर ठीक न सिकुड़ें, तब भी वह काफ़ी लंबे अर्से तक जीवित रह सकता है और कामकाज भी कर सकता है। ऐसा तब होता है जब मनुष्य हृद-विकंपन (cardiac fibrillation) नामक रोग से पीड़ित होता है।

रुधिर-वाहिकाओं की दीवारें लचीली होती हैं, वे फैल और सिकुड़ सकती हैं। इन गुणों के कारण भी उनके अंदर रुधिर-प्रवहन में सहायता मिलती है।

हृदय-संकुचन के फलस्वरूप रुधिर हृदय से धमनियों में फेंका जाता है। इस प्रक्रिया में उत्पन्न शक्ति रक्तदाब की शक्ति तथा रक्त-गति की शक्ति में परिवर्तित हो जाती है (रक्तदाब की शक्ति से यहाँ तात्पर्य है धमनियों की दीवारों का तनाव)।

बाएँ निलय के सिकुड़ने के समय रक्तदाब सबसे ज्यादा होता है। स्वस्थ मनुष्य की महाधमनी के अंदर रक्तदाब प्रायः 130 या 140 mm Hg रहता है। मध्य आकार की धमनियों में यह 120mm Hg, छोटी धमनियों में 60-70mm Hg तथा केशिकाओं में 30-40 mm Hg रहता है। छोटी शिराओं के अंदर रक्तदाब और भी कम हो जाता है। बड़ी शिराओं में यह रक्तदाब नकारात्मक (वायुमंडलीय दाब से कम) हो जाता है।

बड़ी धमनियों से बड़ी शिराओं तक पहुँचते-पहुँचते रक्तदाब में इतनी गिरावट क्यों आ जाती है? बात यह है कि हृदय-संकुचन की सारी की सारी शक्ति जो मुख्यतः धमनियों के रक्तदाब को निर्धारित करती है, रुधिर तथा रुधिर-वाहिकाओं

की दीवारों के बीच उत्पन्न घर्षण व रुधिर की अपनी ही कोशिकाओं के पारस्परिक घर्षण को समाप्त करने में व्यय हो जाती है। जितनी अधिक रुधिर-वाहिकाएँ होंगी, उनकी कुल लंबाई जितनी ज्यादा होगी, उनकी अनुप्रस्थ काट का कुल क्षेत्रफल जितना ज्यादा होगा, घर्षण समाप्त करने में उतनी ही ज्यादा शक्ति खर्च होगी। छोटी धमनियों व केशिकाओं में भी रुधिर को बड़े प्रतिरोध का सामना करना पड़ता है क्योंकि अकेली केशिकाओं की ही कुल लंबाई लगभग 100000 कि. मी. के बराबर होती है जबकि महाधमनी की लंबाई केवल कुछ से. मी. के बराबर होती है। इसी वजह से महाधमनी व खोखली शिरा के रक्तदाब में इतना बड़ा अंतर होता है।

धमनियों के रक्तदाब पर उनके सिकुड़ने के गुण का काफ़ी प्रभाव पड़ता है। जैसा कि हम ऊपर बता चुके हैं छोटी धमनियों की दीवारों में पेशीय परत विशेषतः विकसित होती है जिस कारण से ये छोटी धमनियाँ धमनीय रक्तदाब के बढ़ने में महत्त्वपूर्ण भूमिका निभाती हैं। छोटी धमनियों की दीवारों में पेशीय परत का तनाव बदल सकता है जिसके फलस्वरूप छोटी धमनियों से केशिकाओं की ओर रुधिर का बहाव तो कभी क्षीण हो जाता है तो कभी तीव्र। इसी कारण धमनीय रक्तदाब कभी बढ़ जाता है और कभी कम हो जाता है। इसी गुण के कारण महान रूसी शरीर-विज्ञानी ई. सेचेनोव ने छोटी धमनियों का नाम रुधिर-परिसंचरण की ''टोंटियाँ'' रखा।

वाहिकाओं में प्रवाहित रुधिर की मात्रा भी धमनीय रक्तदाब पर प्रभाव डालती है : जितना ज्यादा रुधिर होगा, सामान्य परिस्थितियों में रक्तदाब भी उतना ही ज़्यादा होगा।

धमनीय रक्तदाब हृदय की गतिविधि की विभिन्न अवस्थाओं के अनुसार परिवर्तित होता रहता है : जब हृदय सिकुड़ता है अर्थात् प्रकुंचन अवस्था में होता है तब रक्तदाब अपनी चरम सीमा पर पहुँच जाता है। इसके विपरीत जब हृदय फैल जाता है अर्थात् अनुशिथिलन अवस्था में होता है तब रक्तदाब निम्नतम सीमा पर पहुँच जाता है। प्रकुंचन बढ़ाव की कोटि (degree) निलय के सिकुड़ने की शक्ति तथा उसके द्वारा फेंके रुधिर की मात्रा पर निर्भर करती है। हृदय की अनुशिथिलन अवस्था में निम्नतम रक्तदाब छोटी धमनियों की दीवारों के तनाव पर निर्भर करता है।

आमतौर पर एक स्वस्थ व्यक्ति (16-18 से 45-50 साल की आयु वाले) की बाँह की बड़ी धमनियों में अधिकतम रक्तदाब 120-140 mm Hg तथा निम्नतम 60-90 mm Hg होता है।

पीड़ा की अनुभूति के समय या पेशीय कार्यों के समय तथा विभिन्न मनोभावों, उत्तेजना, तंत्रिकी तनाव के परिणामस्वरूप विभिन्न संवेदी तंत्रिकाओं के सिरों में उद्दीपन उत्पन्न हो जाता है जिसके कारण रक्तदाब घटता या बढ़ता रहता है। परंतु स्वस्थ शरीर अपना रक्तदाब संतुलित रख सकता है। जब वाहिकाओं के "संकोचन-तंत्रों" के प्रभाव स्वरूप धमनियों में रक्तदाब बढ़ जाता है, तब रक्तदाब का यह बढ़ाव महाधमनी की चाप व ग्रीवा-धमनी में विद्यमान 'रक्त-संचार-तंत्र' का खुद ही उद्दीपक बन जाता है।

उक्त सभी प्रतिवर्त्ती तंत्र प्रमस्तिष्क कॉर्टेक्स द्वारा नियंत्रण में रखे जाते हैं। इसी कारण धमनीय रक्तदाब निरोपाधिक प्रतिवर्तों से प्रभावित होकर भी घट या बढ़ सकता है। यह बात निम्न प्रयोग से सत्य सिद्ध की जा सकती है। अगर हम कोई ध्वनि करते हुए उसी समय त्वचा को कई बार ठंड द्वारा उत्तेजित करें (जिससे रक्तदाब प्रायः बढ़ जाता है) तो बाद में हम देखेंगे कि त्वचा को ठंड से उत्तेजित किए बिना भी इस ध्वनि के फलस्वरूप रक्तदाब बढ़ जाता है।

इस प्रकार हम इस निष्कर्ष पर पहुँचते हैं कि शारीरिक परिश्रम, मानसिक तनाव, चारों ओर की वायु का तापमान, वायुमंडलीय दाब आदि धमनीय रक्तदाब को घटा-बढ़ा सकते हैं। इसके अतिरिक्त विषाक्तन, संक्रामक रोग तथा अन्य कारणों से भी रक्तदाब घट-बढ़ सकता है।

रुधिर-परिसंचरण का प्रेरक कौन है?

वाहिकाओं में रुधिर-परिसंचरण में हृदय का महत्त्वपूर्ण स्थान है। वह लगभग पूर्णतया एक पम्प की भांति कार्य करता है। अनुशिथिलन अवस्था में हृदय का चूषण-कार्य नगण्य होता है।

जितनी बार बायाँ निलय सिकुड़ता है उतनी ही बार 60-80 मि. मी. के लगभग रुधिर महाधमनी में फेंका जाता है जहाँ रक्तदाब 130-140 mm Hg के बराबर हो जाता है। हृदय की विश्राम अवस्था में महाधमनी में रक्तदाब 50-60- mm Hg कम हो जाता है और निम्नतम दाब की सीमा पर पहुँच जाता है। हम ऊपर बता चुके हैं कि निम्नतम रक्तदाब छोटी धमनियों की दीवारों के पेशीय तनाव पर निर्भर करता है।

हर बार जैसे ही हृदय संकुचन तथा अनुशिथिलन अवस्था में आता है वैसे ही धमनियाँ बार-बार फैलती तथा सिकुड़ती हैं। धमनियों की दीवारों के ये फैलाव तथा सिकुड़न महाधमनी से छोटी धमनियों की ओर बढ़ते हैं। इन्हें नब्ज़ या नाड़ी-स्पंद (pulse) कहते हैं। इससे स्पष्ट हो जाता है कि रुधिर-परिसंचरण की

प्रकृति स्पंदनीय होती है।

रुधिर-वाहिकाओं में रुधिर के बहने की गति मुख्यतः इस बात पर निर्भर करती है कि रुधिर-परिसंचरण तंत्र के विभिन्न भागों में ल्यूमेन की कुल चौड़ाई में कितना अधिक अंतर है। जैसे ही सारी रुधिर-वाहिकाओं की अनुप्रस्थ काट का कुल क्षेत्रफल बढ़ जाता है वैसे ही रुधिर के बहने की गति मंद हो जाती है। अनुप्रस्थ काट का कुल क्षेत्रफल केशिकाओं में अधिकतम होता है। इसी कारण महाधमनी में रुधिर की गति 150-240 mm प्रति सेकेंड तथा इससे भी अधिक होती है जबकि केशिकाओं में यह गति 1 mm प्रति सेकेंड से ज़्यादा नहीं होती है।

रुधिर के बहाव की गति में उपस्थित यह अंतर बहुत महत्त्व रखता है। धमनियों का कार्य ऊतकों तथा अंगों तक केवल रुधिर पहुँचाना है, अतः जितनी अधिक तेज़ी से उनके अंदर रुधिर बहता है यह उतना ही ज्यादा अच्छा होता है। केशिकाओं के अंदर रुधिर तथा ऊतकों के बीच अतिमहत्त्वपूर्ण द्रव्य-विनिमय होता है। केशिकाओं की पतली दीवारों तथा ऊतकों या ऊतकीय द्रव के बीच सामीप्य तथा केशिकाओं के अंदर रुधिर की अति मंद गति के कारण रुधिर से ऊतकों तक आवश्यक पदार्थों (मुख्यतः आक्सीजन) तथा ऊतकों से रुधिर तक अनावश्यक पदार्थों (मुख्यतः कार्बन-डाइआक्साइड) के पहुँचने की सर्वाधिक उत्तम परिस्थितियाँ उत्पन्न हो जाती हैं।

शरीर में केशिकाओं की विशाल संख्या (लगभग 10 करोड़ से 40 करोड़ तक) इस बात का स्पष्ट प्रमाण है कि केशिकीय रुधिर-परिसंचरण इसके लिए कितना अधिक महत्त्वपूर्ण है।

केशिकाओं से चलकर रुधिर शिराओं के रास्ते हृदय तक पहुँचता है। शिराओं के अंदर रुधिर के प्रवाह की आवश्यक गति को बनाए रखने के लिए हृदय-संकुचनों की बची-खुची शक्ति तथा शिराओं में उपस्थित अतिनिम्न दाब पर्याप्त नहीं होते। शिराओं के अंदर रुधिर के बहाव पर निम्न अतिरिक्त बातें प्रभाव डालती हैं—शिराओं की दीवारों का तनाव, गहरी सांस, चलने से तथा शारीरिक परिश्रम और व्यायाम से पेशियों का सिकुड़ना।

सिकुड़ती हुई पेशियाँ अपने पास की शिराओं को दबाती हैं। परंतु जिस समय पेशियाँ विश्राम अवस्था में होती हैं, शिरा के अंदर दबाव खत्म हो जाता है तथा वह फिर से फैल जाती है (चित्र 8)। इस प्रक्रिया के फलस्वरूप शिरा में रुधिर का बहाव तेज़ हो जाता है तथा रुधिर केवल हृदय की ओर बहता है (शिराओं में उपस्थित कपाटों के कारण रुधिर विपरीत दिशा में नहीं बह पाता)।

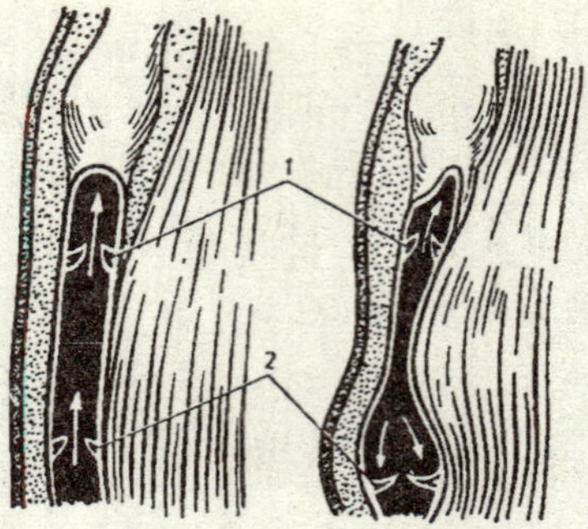

चित्र 8. पेशीय कार्यों के दौरान शिराओं के अंदर रुधिर प्रवाह बढ़ जाता है। दाएँ चित्र में शिरा दबी हुई है; 1-2 शिरा कपाट।

यही बात है कि चलने के मुकाबले एक स्थान पर काफी देर तक स्थिर खड़ा रहना काफी मुश्किल होता है। चलने-फिरने तथा शारीरिक परिश्रम से रुधिर शिराओं में जमा नहीं हो पाता, विशेषतः टांगों की शिराओं में, जहाँ रुधिर नीचे से ऊपर की ओर बहना चाहिए।

गहरी सांस भी शिराओं में रुधिर के बेहतर प्रवाह में सहायक सिद्ध होती है : गहरी सांस लेने से वक्ष चौड़ा होकर रुधिर का 'चूषण' कर लेता है, अर्थात् वह हृदय की ओर अधिक तेज़ी से बहने लगता है। गहरी सांस लेने से एक लाभ और भी है और वह यह कि जिस समय रुधिर फुप्फुसी केशिकाओं में बहता है वहाँ उसे ऑक्सीजन की भरपूर मात्रा प्राप्त हो जाती है।

पाठकों की सुविधा के लिए अब हम हृदवाहिका-तंत्र के कार्य की मुख्य बातों को संक्षेप में दोहरा देते हैं। हृदय की पेशियों के विशेष गुणों में एक गुण है उनकी स्वचलता। हृदय की पेशियाँ काफी लंबे अर्से तक यंत्रवत् कार्य करने की क्षमता रखती हैं। इसका मतलब यह है कि शरीर से अलग कर दिए जाने के बाद भी हृदय की पेशियाँ कई घंटों तक सिकुड़ना जारी रखती हैं। यह इसलिए संभव होता है कि हृदय की पेशियाँ ऊतकों की नोडों तथा बंडलों से युक्त होती हैं जो उनके संकुचन को नियंत्रित करती हैं। ये 'नियंत्रक तंत्र' अक्षत जीव के अंदर भी कार्य करते हैं परंतु वहाँ उनकी कार्यगति तंत्रिकातंत्र के नियंत्रण में रहती है।

हृद्वाहिका-तंत्र, जो सारे ऊतकों तथा अंगों को रुधिर प्रदान करता है, जीव की आवश्यकतानुसार विभिन्न परिस्थितियों में अपनी कार्यगति को अनुकूलित

करता रहता है। उदाहरण के लिए, अनुशिथिलन अवस्था अर्थात् विश्राम करते समय तथा ठंडे मौसम में हृदय धीरे-धीरे धड़कता है जबकि काम करते समय, गर्म मौसम में तथा तंत्रिकाओं के उद्दीपित हो जाने पर वह काफ़ी तेज़ी से धड़कता है, हृत्पेशी के पोषण, तीव्रक तंत्रिका (intensifying nerve) के उद्दीपन तथा अन्य कारणों से वह कभी अधिक शक्ति से और कभी कम शक्ति से धड़कता है। रुधिर-वाहिकाएँ कभी सिकुड़ती हैं और कभी फैलती हैं : त्वचा वाहिकाएँ ठंड महसूस होने पर सिकुड़ जाती हैं और गर्मी महसूस होने पर फैल जाती हैं जिससे शरीर द्वारा ताप की हानि नियंत्रण में रहती है तथा शारीरिक ताप हर समय स्थायी बना रहता है। यही रुधिर-वाहिकाएँ विभिन्न भावों तथा संवेदनाओं के फलस्वरूप भी सिकुड़ तथा फैल सकती हैं। उदाहरण के लिए, शर्म आने पर चेहरा लाल हो जाता है जबकि डर लगने पर या गुस्से में वह पीला हो जाता है। परिश्रम कर रहे अंगों की रुधिर-वाहिकाएँ फैल जाती हैं, उनके अंदर रुधिर के बहाव में तेज़ी आ जाती है जिससे उनको अपनी-अपनी आवश्यकतानुसार रुधिर तथा पोषक पदार्थ प्राप्त हो जाते हैं। विश्राम कर रहे अंगों की बहुत सारी केशिकाओं में प्रायः रुधिर प्रवाहित नहीं होता। छोटी-छोटी धमनियों के सिकुड़ने तथा फैलने के फलस्वरूप धमनीय रक्तदाब आवश्यक स्तर पर बना रहता है तथा हमारे शरीर के विभिन्न भागों को रुधिर की आवश्यक मात्रा भी प्राप्त होती रहती है।

ऊपर हमने हृद्वाहिका-तंत्र तथा शरीर के पारस्परिक संबंधों पर थोड़ा प्रकाश डाला है। इन संबंधों के बने रहने के कारण हृदय तथा रुधिर-वाहिकाओं की कार्यगति सदा एक-दूसरे के अनुकूल रहती है। ये संबंध प्रतिवर्तों पर आधारित रहते हैं। इन्हीं प्रतिवर्तों के बल पर हृद्वाहिका-तंत्र अपनी कार्यगति शरीर के अंदर तथा उसके आस-पास के वातावरण में उत्पन्न परिस्थितियों के अनुकूल रखता है।

बच्चों तथा मध्यवय के लोगों का हृद्वाहिका-तंत्र

शरीर के दूसरे अंगों तथा तंत्रों की भांति हृद्वाहिका-तंत्र में भी आयु के अनुसार कुछ परिवर्तन घटते हैं। अगर हम हृदय के संकुचन की गति तथा ताल पर ध्यान दें तो यह बात बड़ी आसानी से सच सिद्ध हो जाएगी। एक नवजात शिशु का हृदय बहुत तीव्र गति से (120 से 140 धड़कन प्रति मिनट) धड़कता है अर्थात् एक वयस्क व्यक्ति के हृदय के मुकाबले उसका हृदय लगभग दुगुनी तेज़ी से घड़कता है। जैसे-जैसे बच्चे की आयु बढ़ती जाती है उसके हृदय की धड़कन की गति कम होती जाती है। 20 साल की आयु में वह मानक अवस्था पर पहुँच जाती है।

बचपन तथा तरुणावस्था में हृदय की धड़कन में विभिन्न प्रकार की त्रुटियाँ पैदा हो जाती हैं। इन दिनों अगर हृदय की धड़कन सुनी जाए तब कभी-कभी कुछ क्षणिक ध्वनियाँ सुनाई देती हैं परंतु इसका मतलब यह नहीं होता कि बच्चे या तरुण के हृदय-कपाटों में कोई खराबी आ गई है। यह एक स्वाभाविक बात है।

जैसे-जैसे मनुष्य की आयु बढ़ती जाती है उसके शरीर के अंगों तथा ऊतकों की कोशिकाएँ 'घिसती' जाती हैं जिसका आखिरकार इन अंगों की कार्यक्षमता पर प्रभाव पड़ता ही है : मनुष्य के शरीर में द्रव्य-विनिमय और उसकी स्वतः नवीनीकरण क्षमता कम होती जाती है। ये परिवर्तन मध्यवय तथा विशेषतः अधेड़ उम्र के लोगों में साफ दिखाई देते हैं। मनुष्य के बूढ़े होने, विशेषतः समय के पहले बूढ़े होने की प्रक्रिया का अध्ययन एक विशेष विज्ञान--**जीर्ण-विज्ञान** (gerontology) के अंतर्गत किया जाता है। जीर्ण-विज्ञान का एक विभाग **जीर्ण-चिकित्सा** (geriartrics) कहलाता है जिसमें मध्यवय तथा उधेड़ उम्र के लोगों के रोगों, रोगनिरोधन व चिकित्सा का अध्ययन किया जाता है। यहाँ यह बताना आवश्यक होगा कि काफ़ी पुराने समय से रूसी तथा अन्य देशों के वैज्ञानिक जीर्ण-विज्ञान, विशेषतः हृद्वाहिका-तंत्र के बूढ़े होने की समस्या की ओर ध्यान देते आ रहे हैं। रूस में सबसे पहले इसकी चर्चा महान रूसी वैज्ञानिक मिखाईल लोमोनोसोव ने की।

इ. मेच्निकोव, इ. पाव्लोव तथा आ. बोगोमोलेत्स आधुनिक जीर्ण-विज्ञान के संस्थापक माने जाते हैं। जीर्णता दो प्रकार की होती है : (1) शारीरक--इसके फलस्वरूप मनुष्य किसी भी प्रकार के रोग से पीड़ित नहीं होता। (2) रोगी-इसके परिणामस्वरूप मनुष्य बुढ़ापे के विभिन्न रोगों (एथिरोस्क्लेरोसिस (atherosclerosis), अतिरक्त-दाब (hypertension), हृदशूल (stenocardia), हृत्पेशी के रोग (myocardial infarction) से पीड़ित हो जाता है (नीचे इन रोगों का सविस्तार वर्णन किया गया है))।

सोवियत संघ में जीर्ण-विज्ञान के अध्ययन पर काफी ध्यान दिया गया है। मनुष्य की आयु कैसे बढ़ायी जाए तथा बुढ़ापे के रोगों से कैसे बचा जाए—इन दो मुख्य समस्याओं पर पिछले कुछ सालों से और भी ज्यादा ध्यान दिया जा रहा है। देश में ऐसे कई विशेष संस्थान हैं जिनमें बुढ़ापे की विभिन्न समस्याओं का अध्ययन किया जाता है, जैसे, परिवेशी वातावरण, कामकाज की परिस्थितियाँ, रहने के ढंग, खाने-पीने की परंपरा, शरीर को मज़बूत करने के साधन आदि जिनसे बुढ़ापे की प्रक्रिया पर क्या असर पड़ता है।

जीर्ण-विज्ञान ने हमें काफी रोचक आंकड़े दिए हैं। उदाहरण के लिए, (ज़ार के समय) रूस में आदमी की औसत उम्र 32 साल थी जबकि आज 70 साल है। सन् 1939 में रूसी सोवियत गणतंत्र (सोवियत संघ के 15 गणतंत्रों में सबसे बड़ा गणतंत्र) में 6.7% लोगों की उम्र 60 साल से ऊपर थी। 15 जनवरी 1959 तक यह संख्या बढ़कर 9.4% हो गई। उस समय लगभग 80 लाख लोगों की उम्र 70 साल या इससे ज्यादा थी।

परिवेश (पहाड़ी हवा, धूप, स्वस्थ आहार आदि) का मनुष्य की आयु पर क्या प्रभाव पड़ता है यह बात निम्न तथ्यों से जानी जा सकती है—अबखाज़ी (काकेशिया के पहाड़ी इलाके में एक छोटा-सा स्वायत्त जनतंत्र) में सन् 1959 में 4004 लागों की उम्र 80 साल से ज्यादा थी। 80 साल से 116 साल की आयु वाले 100 वृद्धों में 67 लोग पूर्णतया स्वस्थ थे, इनमें 4 व्यक्तियों की आयु 100 और 116 साल के बीच थी। शेष 33 आदमियों में केवल कुछ अतिरक्त-दाब, एथिरोस्क्लेरोसिस तथा हृदयशूल आदि रोगों से पीड़ित थे।

अबखाज़ी स्वायत्त जनतंत्र दीर्घायु वाले लोगों के लिए विश्व भर में प्रसिद्ध है। इसके अलावा उक्रइन, बेलोरूस, अल्ताई क्षेत्र, याकूत तथा सुदूर पूर्व व कई अन्य इलाक़ों में 90 साल से ज्यादा उम्र के लोग रहते हैं।

सोवियत वैज्ञानिकों का कथन है कि मनुष्य कम से कम सौ साल तथा कभी-कभी 150 साल तक जी सकता है (आ.बोगोमोलेत्स तथा अन्य वैज्ञानिक)। उदाहरण के लिए, अबखाज़ी का निवासी महमूद ऐसाम्बायेव 150 साल तक जीवित रहा।

परंतु फिर भी अधिकांश लोग समय से पहले बूढ़े हो जाते हैं। ऐसे लोगों की संख्या बहुत थोड़ी होती है जो बीमारियों से अछूता रहकर, विशेषतः हृदयवाहिका-तंत्र की बीमारी से बचे रहकर अपने जीवन की प्राकृतिक सीमा तक जवान व स्वस्थ रहते हैं।

सोवियत नागरिकों की आयु बढ़ाने तथा उनको समय से पहले बूढ़ा होने से बचाने के लिए तरह-तरह के उपाय किए जा रहे हैं, देश के वासियों की रहने की परिस्थितियों, खाने-पीने व स्वास्थ्य-रक्षा के उपायों में बेहतरी लायी जा रही है। इन उपायों से आशाजनक परिणाम प्राप्त हुए हैं। आदमी कैसे भी वातावरण में रहता हो, किसी भी जाति का हो व कैसा भी काम करता हो, उसे यह कभी नहीं भूलना चाहिए कि अपने स्वास्थ्य, विशेषतः हृदय का वह खुद ज़िम्मेदार होता है। अगर वह खाने-पीने तथा रहने के आम नियमों का पालन नहीं करता है, तो अवश्य बीमार होगा, समय से पहले बूढ़ा हो जाएगा और उसका जीवनकाल

घट जाएगा।

समय से पहले बूढ़ा न होना, हृदय को स्वस्थ रखना तथा बूढ़ापे में स्वस्थ, चुस्त तथा कामकाज लायक बने रहना—यह सब मनुष्य के खुद के हाथ में है। पुस्तक के अगले अध्यायों में इसके विभिन्न उपायों का वर्णन किया गया है।

हृद्वाहिका-तंत्र की जाँच कैसे की जाती है?

आज के जमाने में एक डाक्टर के पास हृद्वाहिका-तंत्र की जाँच के लिए बहुत सारे साधन हैं। इनका प्रयोग केवल रोग पहचानने के लिए ही नहीं बल्कि उससे बचाने के लिए भी किया जाता है। उदाहरण के लिए, खेल के बाद व्यक्ति के हृदय की गतिविधि का अध्ययन करके डाक्टर जरूरत के अनुसार उसे खेल में लगाई शक्ति को कम-बढ़ती करने की सलाह दे सकता है। इसके अतिरिक्त किसी भी व्यक्ति के हृद्वाहिका-तंत्र की विशेषता तथा क्षमता का भली-भांति अध्ययन करके डाक्टर उसे पेशा चुनने के बारे में ठीक राय दे सकता है।

चिकित्सा के कुछ साधनों की सहायता से हृदय व रुधिर वाहिकाओं की कार्यगति को कागज पर अंकित किया जा सकता है, फिल्म द्वारा देखा जा सकता है या आँकड़ों द्वारा बताया जा सकता है (धमनीय रक्तदाब की मात्रा, एक मिनट में हृदय की धड़कन की गति आदि)। परंतु इसके साथ-साथ मरीज का मिज़ाज तथा उसकी आत्मगत अनुभूति जानना भी बहुत महत्त्वपूर्ण है। आमतौर पर एक स्वस्थ व्यक्ति विश्राम करते समय या रोज़मर्रे की दिनचर्या में व्यस्त रहते समय हृदय की धड़कन को बिल्कुल भी महसूस नहीं करता। परंतु कठिन परिश्रम के बाद (तेज़ दौड़ने के बाद या बोझ उठाने के बाद) स्वस्थ व्यक्ति को अपने हृदय की धड़कन सुनाई देने लगती है और उसे साँस लेने में हल्की-सी कठिनाई महसूस होती है। इस अवस्था में वह प्रायः तेज़ वह गहरी सांस लेता है।

कभी-कभी मरीज़ यह शिकायत करता है कि आराम करते समय भी उसे हृदय की धड़कन सुनाई देती है तथा उसकी सांस फूल जाती है जबकि पहले कभी उसे इस तरह की परेशानी नहीं हुई थी। कभी-कभी उसके हृदय में या वक्ष में दर्द उठता है, वह जल्दी थक जाता है, उसकी कार्यक्षमता कम हो जाती है, उसका स्वभाव चिड़चिड़ा हो जाता है और उसे नींद भी ठीक तरह से नहीं आती है। इस प्रकार की आत्मगत अनुभूतियाँ विभिन्न रोगों से पीड़ित होने पर प्रकट होती हैं, जैसे, रुधिर की कमी होने पर (anaemia), न्यूरोसिस, आहार में किसी विटामिन की कमी होने से। हृद्वाहिका-तंत्र की कार्यगति में किसी प्रकार का दोष आने पर भी ये अनुभूतियाँ प्रकट हो सकती हैं। इस प्रकार के मरीज़

का ठीक इलाज करने के लिए उसके कामकाज व रहने की परिस्थितियों तथा उसके पूर्व जीवन की जानकारी अति आवश्यक है। इस बात का ज्ञात होना भी आवश्यक है कि इससे पहले वह किन-किन रोगों से पीड़ित रह चुका है। इन सब बातों की जानकारी इसलिए आवश्यक है कि बाह्य तथा आंतरिक परिस्थितियाँ (विशेषतः विभिन्न अंगों में रोगों के कारण उत्पन्न परिवर्तन) हृद्वाहिका-तंत्र की कार्यगति पर महत्त्वपूर्ण प्रभाव डालती हैं। डाक्टर रोगी की जांच उसके परीक्षण से शुरू करता है। कभी-कभी त्वचा का रंग (नीला या फीका), रुधिर-वाहिकाओं की तेज धड़कन या टांगों की सूजन देखकर डाक्टर समझ जाता है कि मरीज़ हृदय-रोग का शिकार है। पतले आदमी के हृदय के आस-पास की जगह टटोल कर बड़ी आसानी से हृदय की गति समझी जा सकती है जिसका संबंध बाएँ निलय के संकुचन के साथ होता है। इस प्रकार डाक्टर को हृदय के बाएँ हिस्से की सीमा पता चल जाती है। धमनियाँ टटोलकर उनकी दीवारों की दृढ़ता तथा नाड़ी की विशेषता पता चल जाती है।

वक्ष को ठोककर हृदय का आकार ज्ञात किया जा सकता है। डाक्टर उंगली को वक्ष से सटाकर उस पर दूसरी उंगली या छोटी हथौड़ी से ठोककर उसमें कंपन पैदा करता है जिसके फलस्वरूप वायु से भरे फेफड़ों के ऊपर तीव्र ध्वनि तथा वायुरहित हृदय के ऊपर बहुत भारी ध्वनि उत्पन्न होती है।

एक्सरे की सहायता से हृदय के आकार व आकृति का बिल्कुल ठीक-ठीक पता चल जाता है। एक्स-किरणें हृदय के घने ऊतकों के मुकाबले फेफड़ों में से ज्यादा अच्छी तरह से पार होती हैं। इसी कारण एक्सरे में फेफड़ों की छाया तो हल्की होती है परंतु हृदय की छाया काली व गहरी होती है। एक्सरे में महाधमनी भी दिखाई देती है जिसकी छाया फुप्फुसी धमनीकी छाया के साथ हृदय की गोल छाया के ऊपर उठी होती है। एक्सरे में पसलियों के अगले व पिछले भाग भी गहरी वक्र रेखाओं के रूप में बिल्कुल साफ़ दिखाई देते हैं।

हृदय का एक्सरे लेने पर स्क्रीन में दिखाई देता है कि हृदय किस प्रकार धड़कता है, किस प्रकार सिकुड़ता तथा फैलता है। यह भी दिखाई देता है कि किस प्रकार उसकी स्थिति में थोड़ा-सा परिवर्तन आ जाता है। एक्सरे द्वारा हृदय के चित्र का नेगेटिव बनाया जा सकता है।

एक्सरे लेने पर अगर हृदय में कुछ परिवर्तन दिखाई देते हैं तो इसका मतलब हमेशा यह नहीं होता कि आदमी हृदय-रोग का शिकार है या उसके हृदय में कोई खराबी है। उदाहरण के लिए, अगर हृदय क्षैतिज स्थिति में है तो इसका मतलब हमेशा यह नहीं होता कि हृदय में कोई बहुत बड़ी गड़बड़ी है क्योंकि

कभी-कभी यह परिवर्तन मध्यपट के ऊँचे होने के कारण भी हो सकता है। अगर हृदय का आकार छोटा है तो यह भी कोई बीमारी नहीं है : मध्यपट के नीचे स्थित होने तथा हृदय की ऊर्ध्व स्थिति के कारण अक्सर ऐसा हो जाता है।

अगर हृदय या उसके किसी भाग (अलिंद या निलय) का आकार बहुत ज़्यादा बड़ा हो जाता है तो अक्सर इसका कारण हृद्वाहिका-तंत्र की बीमारी होती है, परंतु कभी-कभी पूर्णतया स्वस्थ खिलाड़ियों का हृदय भी पेशियों के मोटा हो जाने के कारण आकार में थोड़ा बड़ा हो जाता है।

जिस समय हृदय की पेशियाँ सिकुड़ती हैं तथा उसके कपाटों में (बंद होते समय) तनाव आता है, कुछ ध्वनियाँ उत्पन्न होती हैं जिन्हें हृदय की टोन कहते हैं। ये दो प्रकार की होती हैं—प्रथम टोन तथा द्वितीय टोन।

प्रथम टोन दो ध्वनियों का मिश्रण होती है : अलिंदों के प्रकुंचन के समय उत्पन्न ध्वनि और निलयों के प्रकुंचन के समय उत्पन्न ध्वनि तथा अलिंदों व निलयों के रंध्रों में स्थित कपाटों के बंद होने पर उत्पन्न ध्वनि। इन दोनों ध्वनियों के बीच मध्यांतर 1/6 सेकेंड से भी कम होता है इसलिए हमें केवल एक ही ध्वनि सुनाई देती है।

द्वितीय टोन उस समय उत्पन्न होती है जिस समय महाधमनी तथा फुप्फुस धमनी के कपाट बंद हो रहे होते हैं।

हृदय की ध्वनि सुनकर इस बात का पता लगाया जा सकता है कि उसके कपाट किस अवस्था में हैं अर्थात् हृत्पात (heart failure) का पता चलाया जा सकता है। इसके साथ-साथ इस बात की जानकारी भी हो सकती है कि बंद होते समय कपाटों का दबाव कितना होता है। हृदय की ध्वनि में अगर कोई शोर सुनाई देता है तो इसका मतलब यह होता है कि कपाट क्षतिग्रस्त हैं।

किसी भी व्यक्ति के वक्ष के पास कान लाकर उसके हृदय की टोन सुनी जा सकती है। परंतु इस कार्य के लिए प्रायः धातु या लकड़ी के बने विभिन्न यंत्रों का प्रयोग किया जाता है। इनके एक सिरे में कानों के साथ लगाने के लिए रबड़ की बनी दो नलियाँ लगी होती हैं तथा दूसरे सिरे पर धातु की बनी एक गोल प्लेट लगी होती है। इन यंत्रों को स्टेथॉस्कोप कहते हैं।

एक विशेष प्रकार के उपकरण (फ़ोनोग्राफ़) द्वारा हृदय की ध्वनियों को टेप पर अंकित किया जा सकता है (चित्र 10 में फोनो-कार्डियोग्राम दिखाया गया है)।

हृदय के प्रकुंचनों की गति तथा उनकी ताल के अध्ययन के लिए विभिन्न उपाय अपनाए जाते हैं। रोगी की जाँच करके उसके हृदय-प्रकुंचनों की संख्या

ज्ञात की जा सकती है, उसका वक्ष टटोलकर तथा कभी-कभी सिर्फ देखकर ही यह संख्या जानी जा सकती है। यह तभी संभव है जब हृदय-धड़कन साफ़-साफ़ दिखाई देती है। डाक्टर लोग अक्सर रोगी की नब्ज़ सुनकर इस बात का पता लगा लेते हैं। नब्ज़ द्वारा पता चल जाता है कि धमनी में रुधिर की कितनी मात्रा है, उसकी दीवारों में कितना तनाव है (रुधिर-दाब) तथा नब्ज़ के उठने व बैठने की गति भी पता चल जाती है।

हृदय की खराबियों में सबसे सामान्य जो खराबी है उसे 'अनियमितता' कहते हैं अर्थात् समय से पहले तथा अनियमित प्रकुंचन। इनके बाद काफ़ी देर तक विराम अवस्था रहती है। इस अवस्था में रोगी अपने वक्ष में उसके हृदय का धक्का महसूस करता है जो पहले से ज्यादा तेज़ होता है। कभी-कभी धक्के के बाद हृदय डूबने सा लगता है तथा कभी-कभी रोगी को चक्कर भी आने लगते हैं। किसी रोगी को अपने हृदय की धड़कन की अनियमित गति से परेशानी होती है और किसी को उसके डूबने से। बहुत सारे रोगियों को तो अनियमितता का आभास ही नहीं होता परंतु कुछ इससे बहुत घबरा जाते हैं। अधिकांश स्थितियों में इस प्रकार की अनियमितता किसी विशेष खतरे का सूचक नहीं है तथा इसके पाए जाने पर यह समझना गलत है कि हृद्वाहिका-तंत्र में कोई खराबी है। आम तौर पर ऐसा उन लोगों के साथ होता है जिनके हृदय की पेशियाँ कुछ कमज़ोर होती हैं। उनके तंत्रिका-तंत्र के हद से ज्यादा उद्दीपित होने पर ऐसा हो जाता है। कभी-कभी तो बिल्कुल स्वस्थ हृदय-पेशियों वाले लागों को भी ऐसी परेशानी महसूस होती है।

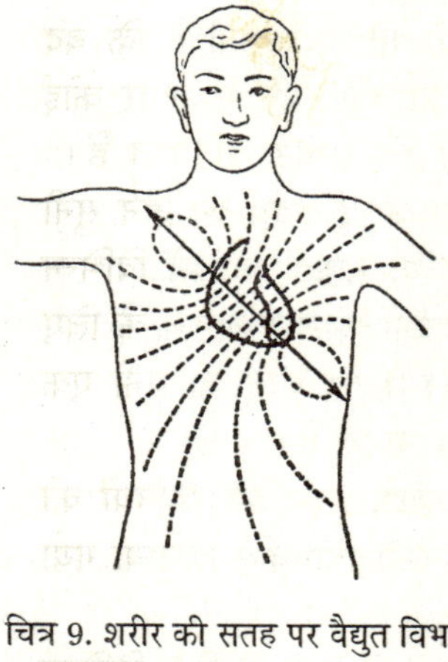

चित्र 9. शरीर की सतह पर वैद्युत विभव का वितरण।

हृत्पात की कुछ अवस्थाओं के दौरान तथा हृदय की पेशियों में खराबी आ जाने पर हृदय की गतिविधि बिगड़ जाती है : अलिंदों में प्रकुंचन की जगह फरकन शुरू हो जाता है, निलय सिकुड़ते तो जरूर हैं परंतु गलत तरीके से—इसे हृत्स्फुरण (cardiac fibrillation) कहते हैं। रुधिर-परिसंचरण में अलिंद द्वितीय स्थान पर हैं इसलिए हृत्स्फुरण के रोगी काफी लम्बे अर्से तक कार्यक्षमता रखते हैं।

अलिंदों से निलयों तक उद्दीपन पहुँचाने वाली नोड (चित्र 3) में खराबी आने से उनकी पारस्परिक प्रक्रियाओं के बीच अनन्विति उत्पन्न

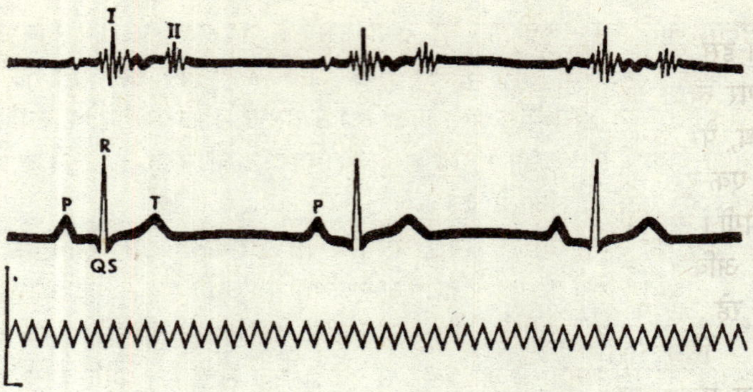

चित्र 10. ऊपर-कार्डियोफोनोग्राम (हृदय के कार्य करते समय उत्पन्न ध्वनियों का लेखन); बीच में-इलैक्ट्रोकार्डियोग्राम; नीचे-एक समान समय के मध्यांतर दिखाए गए हैं। I और II-हृदय की प्रथम तथा द्वितीय टोन; P-अलिंदों का उद्दीपन; Q, R, S, T-निलयों का उद्दीपन; T-P-विराम (अलिंदों तथा निलयों का अनुशिथिलन)।

हो जाती है : अलिंदों का प्रकुंचन तो ठीक गति से होता है (60-70 बार प्रति मिनट) परंतु निलयों के प्रकुंचन की गति आधी हो जाती है (30-35 बार)। ऐसा बहुत कम देखने को मिलता है तथा इसे हृदय का रोध कहते हैं।

हृदय के विभिन्न भागों की गतिविधि की बिल्कुल ठीक-ठीक जानकारी प्राप्त करने के लिए वैद्युत परिघटनाओं के अध्ययन का सहारा लिया जाता है। अन्य उद्दीपित ऊतकों की भांति हृदय को पेशियों की गतिविधि के दौरान इस प्रकार की परिघटनाएँ घटित होती रहती हैं। यहाँ यह बात महत्त्वपूर्ण है कि इस समय हृदय की पेशी का उद्दीपित भाग ऋणाविष्ट तथा उसका शेष भाग धनाविष्ट होता है। इस प्रकार हम देखते हैं कि हृदय की पेशी के सक्रिय तथा निष्क्रिय भागों में अलग-अलग प्रकार का विभव होता है जिसके फलस्वरूप विद्युत-धारा उत्पन्न होती है। इसे क्रिया-विद्युधारा (action current) कहते हैं।

उद्दीपन-प्रक्रिया हृदय की पेशी में फैलती जाती है जिसके कारण हृदय के विभिन्न भाग या तो धनाविष्ट हो जाते हैं या ऋणाविष्ट। हृदय के विभिन्न भागों के बीच विभव तालबद्ध बदलते रहते हैं जिसके परिणामस्वरूप धारा की दिशा परिवर्तित होती रहती है।

विद्युत-धारा हृदय के चारों ओर स्थित ऊतकों के रास्ते (जैसे बिजली तारों के रास्ते) विभिन्न दिशाओं में चली जाती है और फिर त्वचा तक पहुँच जाती

है। इस प्रकार त्वचा के विभिन्न भागों में विभव भी विभिन्न होते हैं (चित्र 9)। अगर त्वचा के भिन्न-भिन्न विभव वाले विभिन्न भागों को (उदाहरण के लिए, हाथ, पैर, वक्ष के विभिन्न हिस्सों को) तारों से जुड़ी धातुई पतियों की सहायता से एक-दूसरे के साथ जोड़ दिया जाए तो इन तारों में विद्युत-धारा प्रवाहित होने लगेगी। इस विद्युत-धारा को एक विशेष उपकरण इलैक्ट्रोकार्डियोग्राफ द्वारा कागज पर अंकित किया जा सकता है। इलैक्ट्रोकार्डियोग्राम हृदय की पेशी में प्रवाहित हो रहे आवेग को अंकित करता है।

चित्र 10 में दिखाया गया है कि एक स्पन्द से दूसरे स्पन्द (beat) तक किस प्रकार हृदय ठीक तरह से कार्य करता रहता है, हृदय का प्रकुंचन किस तरह लयबद्ध रहता है तथा वैद्युत तथा ध्वनिक परिघटनाएँ किस प्रकार एक ही समय पर एक साथ घटती हैं। संक्षेप में इस चित्र में एक स्वस्थ हृदय की गतिविधि दिखाई गई है।

इलैक्ट्रोकार्डियोग्राम से हृदय की गतिविधि की लय का तो ठीक-ठीक पता चल ही जाता है, इसके साथ-साथ वक्र रेखा के आकार से हृदय की पेशी की अवस्था, संपूर्ण हृदय की स्थिति व उसके अक्षों की दिशा भी पता चल जाती है। इससे डाक्टर को एक स्वस्थ व रोगी व्यक्ति के हृदय के अंदर घट रही प्रक्रियाओं का अध्ययन करने में बहुत सहायता मिलती है।

एक ही समय पर अंकित इलैक्ट्रोकार्डियोग्राम तथा कार्डियोफोनोग्राम से इस बात का पता चल जाता है कि हृदय की गतिविधि (अलिंदी या निलयी संकुचन, प्रकुंचन या अनुशिथिलन) के समय किस क्षण टोन उत्पन्न होती है तथा किस क्षण शोर उत्पन्न होता है।

हृदय की गतिविधि के अध्ययन के लिए अब और भी नए-नए तरीके अपनाए जा रहे हैं। उदाहरण के लिए, बैलीस्टोकार्डियोग्राफी के अंतर्गत शरीर के उन यांत्रिक कंपनों को अंकित किया जाता है जो हृदय के संकुचन तथा रुधिर-धारा के महाधमनी से टकराने के कारण उत्पन्न होते हैं। वास्तव में इस प्रकार के कंपन बहुत ही कम होते हैं तथा इनको ढूँढ़ने व इनका अध्ययन करने के लिए विशेष प्रकार के अतिसंवेदी उपकरणों का उपयोग किया जाता है।

हृद्वाहिका-तंत्र की जाँच के लिए धमनियों का रुधिर-दाब भी नापा जाता है। नब्ज़ देखते समय अगर त्रिज्य धमनी (radial artery) को टटोला जाए तो देखेंगे कि अलग-अलग व्यक्तियों में धमनी का स्पंदन रोकने के लिए भिन्न-भिन्न प्रकार की शक्ति का प्रयोग करना पड़ेगा। इसके आधार पर धमनी में रुधिर-दाब का अनुमान लगाया जा सकता है। इसके अतिरिक्त अगर रुधिर दाब अति शुद्धता

से ज्ञात करना हो तो विभिन्न उपकरणों का प्रयोग किया जाता है।

सोवियत संघ में इस काम के लिए प्रायः रूसी चिकित्सक नि. कोरोत्कोव द्वारा सुझाया तरीका अपनाया जाता है। बाँह के कोहनी से ऊपर वाले हिस्से पर एक रबड़ का कफ बांध दिया जाता है। इसका एक सिरा पारे वाले दाबांतरमापी (manometer) से जुड़ा रहता है तथा दूसरे सिरे पर एक बैलून लगा रहता है। इस बैलून को दबा-दबाकर कफ में हवा भरी जाती है। बाहु धमनी (brachial artery) की ध्वनि सुनने के लिए कफ के नीचे बाँह के साथ एक स्टेथॉस्कोप लगा दिया जाता है। अब कफ में तब तक हवा भरते जाते हैं जब तक कि त्रिज्य धमनी का स्पंदन बंद न हो जाए या बाहुधमनी की टोन खत्म न हो जाए। इसके बाद कफ में से धीरे-धीरे हवा निकालते हैं जिससे कि धमनी का दाब कम हो जाए। जिस क्षण ध्वनि (टोन) फिर से सुनाई देने लगे उस वक्त उच्चतम दाब होगा। अब कुछ और हवा निकालने पर फिर ध्वनि सुनाई देनी बंद हो जाएगी, इस समय दाब निम्नतम होगा।

जैसा कि हम ऊपर बता चुके हैं औसत उच्चतम दाब 120-140 mm Hg माना गया है तथा निम्नतम 60-90 mm Hg। विभिन्न परिस्थितियों में धमनी-दाब घट या बढ़ सकता है।

कई बार रुधिर-परिसंचरण की जाँच के लिए रुधिर-धारा की गति नापना काफी उपयोगी सिद्ध होता है। रोगी हृद्वाहिका-तंत्र के मुकाबले स्वस्थ हृदवाहिका-तंत्र में रुधिर की गति काफी तेज़ होती है। रुधिर-धारा की गति नापने के लिए विभिन्न तरीके अपनाए जाते हैं। इनके आधार पर यह ज्ञात किया जा सकता है कि रुधिर के एक हाथ की शिरा से दूसरे हाथ की शिरा तक पहुँचने में कितना समय लगता है। सबसे शुद्ध आँकड़े प्राप्त करने के लिए रेडियोऐक्टिव आइसोटोपों* का प्रयोग किया जाता है।

हृदय-गुहों का दाब ज्ञात करने तथा जन्मजात हृत्पात (अलिंदों या निलयों को अलग करने वाली झिल्लियों की क्षति) का पता करने के लिए कोहनी की शिरा के रास्ते दाएँ अलिंद तथा दाएँ निलय में रबड़ की एक नली डालते हैं।

---

*रेडियोऐक्टिव आइसोटोप—ये प्रकृति में विद्यमान् रसायनिक तत्त्वों के विभिन्न रूप हैं जिन्हें कृत्रिम ढंग से प्राप्त किया जाता है। इनके गुण प्राकृतिक तत्त्वों जैसे होते हैं परंतु ये शीघ्रता से विघटित हो जाते हैं। इनके विघटन के समय रेडियोऐक्टिव विकिरण प्राप्त होता है। एक विशेष प्रकार के उपकरण-मीटर की सहायता से इस विकिरण के आधार पर यह ज्ञात किया जा सकता है कि सप्राण जीव के इस या उस अंग में रेडियोऐक्टिव आइसोटोप उपस्थित हैं या नहीं।

झिल्ली की क्षति होने पर यह नली बाएँ अलिंद में घुस जाएगी या दाएँ निलय से बाएँ निलय में पहुँच जाएगी जिसकी पहचान सरलता से एक्सरे द्वारा की जा सकती है।

जन्मजात हृदय-रोग-श्यालता (cyanosis) में इस बात का ज्ञात होना आवश्यक है कि धमनी तथा शिरा के रुधिर का किस जगह असामान्य मिलन होता है। यह जानने के लिए हृदय के विभिन्न कक्षों से रुधिर लेकर उसमें विद्यमान् आक्सीजन की मात्रा ज्ञात करनी पड़ती है।

हृदय-कैथेटोराइजेशन से प्राप्त आँकड़ों के आधार पर एक विशेष सूत्र की सहायता से द्विकपर्दी रंध्र के आकुंचन की लगभग गणना की जा सकती है। इससे यह पता चल जाता है कि सबसे ज्यादा पाए जाने वाले हृत्पात-बाएँ अलिंद-निलयी रंध्र का आकुंचन (mitral stenosis) का इलाज करने के लिए आपरेशन की जरूरत है या नहीं।

कभी-कभी इस बात का ज्ञान काफी महत्त्व रखता है कि केशिकाएँ कितनी भंगुर तथा पारगम्य हैं तथा रुधिर के अवयव उनकी दीवारों को कितनी सुगमता से पार करते हैं। रुधिर-स्रवण की प्रवृत्ति वाले व्यक्ति की बांह में अगर चुटकी भर दी जाए या उसकी बाँह में रक्त बांध दिया जाए तो उसकी त्वचा में केशिका रक्त-स्राव (capillary haemorrhages) होने लगेगा।

ऊपर बताए सभी तरीकों को अपनाने से एक स्वस्थ तथा रोगी व्यक्ति के हृद्वाहिका-तंत्र की जटिल गतिविधि को गंभीरता से तथा भली-भांति समझने में काफी सहायता मिलती है।

यहाँ यह बताना महत्त्वपूर्ण है कि इतने सारे आधुनिक जटिल यंत्रीय साधनों के होने पर भी साधारण तरीक़ों का महत्त्व कम नहीं हो जाता, जैसे, रोगी से पूछताछ, रोगी का निरीक्षण, उसके हृदय को टटोलकर देखना (palpitation), ठोककर देखना (percussion) तथा परिश्रवण (auscultation) आदि। ये सभी तरीके आज भी प्रथम स्थान पर हैं तथा हर डाक्टर रोगी के हृदय का परीक्षण मुख्यतः इन्हीं के बल पर करता है।

अध्याय-2

पूरे शरीर और हृद्वाहिका-तंत्र को मजबूत करने के लिए क्या-क्या बातें आवश्यक हैं?

आपकी मुलाकात ऐसे कई लोगों से हुई होगी जो हालाँकि बूढ़े तो नहीं हुए हैं परंतु सीढ़ियाँ चढ़ते समय वे बहुत जल्दी थक जाते हैं तथा जरा-सा दूर तक भागने पर उनकी साँस फूल जाती है। परंतु इसके साथ-साथ आपने ऐसे पर्वतारोहियों के बारे में भी सुना होगा जो पहाड़ों की ऊँची से ऊँची चोटी तक पहुँच जाते हैं, ऐसे धावकों के बारे में, जो कई किलोमीटर की दूरी बहुत तेज़ी से दौड़कर तय कर लेते हैं या ऐसे जवान तथा मध्यवय के लोगों से आप जरूर मिले होंगे जो बहुत देर तक कठिन शारीरिक परिश्रम करने पर भी नहीं थकते हैं। यह सब कुछ मुख्यतः इस बात पर निर्भर करता है कि उनके शरीर की पेशियाँ, फेफड़े तथा अन्य अंग कितने विकसित हैं। हृद्वाहिका-तंत्र की अवस्था तथा शीघ्रता व भली प्रकार से कठिन परिश्रम करने की उसकी क्षमता इस कार्य में विशेष महत्त्व रखती है।

शरीर तथा विशेषकर उसके हृद्वाहिका-तंत्र को विकसित करने और स्वस्थ बनाए रखने के दो मुख्य तरीके हैं।

पहला यह कि मनुष्य के चारों ओर का वातावरण स्वस्थ हो तथा उसके जीवन व कार्य के लिए उचित सुविधाएँ हों। यह बात सब लोग जानते ही हैं कि मनुष्य को स्वस्थ रखने के लिए तथा उसकी कार्यक्षमता बनाए रखने के लिए प्रकाश, साफ हवादार घर, खुला आफिस, शुद्ध व अच्छी खुराक, संक्रामक रोगों पर नियंत्रण तथा स्वच्छता परम आवश्यक हैं।

दूसरा तरीका यह है कि शरीर की उन क्षमताओं को हर प्रकार से विकसित किया जाए जिनके बल पर यह बाह्य वातावरण की विभिन्न अवस्थाओं का सामना

करता है, उदाहरण के लिए, साल में अलग-अलग समय पर मौसम की विशेषताएँ (ठंड, गर्मी, हवा, नमी), रहने तथा काम करने की विभिन्न परिस्थितियाँ। इस उद्देश्य की प्राप्ति मुख्यतः शरीर को दृढ़ बनाकर, व्यायाम की सहायता लेकर तथा उचित दिनचर्या अपनाकर की जाती है।

यहाँ इस बात को न भूलें कि ये दोनों तरीके एक-दूसरे के साथ संबंधित हैं।

आगे चलकर हम बताएँगे कि हृद्वाहिका-तंत्र तथा संपूर्ण शरीर को मजबूत बनाए रखने के लिए स्वस्थता की कौन-कौन सी बातें आवश्यक हैं।

आहार

इस अध्याय में हम युक्तिसंगत आहार का वर्णन करेंगे। मानव के जटिल शरीर को फुर्तीला, चुस्त व स्वस्थ रखने के लिए सही आहार भी उतना ही महत्त्व रखता है जितना कि काम व आराम की सुव्यवस्था तथा शरीर की दृढ़ता।

बचपन से लेकर बुढ़ापे तक—हर उम्र के लिए विशेष आहार के नियम हैं। 40-50 साल वाली आयु तथा इससे ज्यादा उम्र वाले लोगों के लिए उन नियमों का पालन बहुत अधिक महत्त्वपूर्ण है। इसके लिए सबसे पहले उनसे परिचित होना आवश्यक है।

यहाँ हम आहार के उन नियमों का वर्णन करेंगे जिनका पालन विभिन्न प्रकार के रोगों के इलाज तथा उनसे सुरक्षा के लिए बहुत आवश्यक है।

अन्य सप्राण जीवों की तरह हमारे शरीर के अंदर भी एक-दूसरे की दो परस्पर विरोधी और एक-दूसरे से संबंधित रसायनिक प्रक्रियाएँ घटती रहती हैं : सरल पदार्थों का जटिल रसायनिक पदार्थों में परिवर्तन तथा जटिल पदार्थों का सरल पदार्थों में परिवर्तन। प्रथम प्रक्रिया की आवश्यकता इसलिए होती है कि जीवित पदार्थों का निर्माण होता रहे तथा जीव के अंदर ऊर्जा का संचय भी होता रहे। दूसरी प्रक्रिया जीवित पदार्थों के विघटन के साथ संबंधित है। पदार्थों का विघटन हर समय चालू रहता है परन्तु अंगों व ऊतकों के सक्रिय होने पर इसकी गति तीव्र हो जाती है तथा ऊर्जा का ह्रास होता रहता है।

हमारा शरीर जिन पदार्थों से बना होता है, उनके साथ हर समय जटिल रसायनिक प्रक्रियाएँ घटती रहती हैं। इन प्रक्रियाओं के दौरान कुछ ऐसे पदार्थ बन जाते हैं जिनकी शरीर को बिल्कुल भी आवश्यकता नहीं होती। ये अनावश्यक पदार्थ मूत्र, स्वेद, निश्वासित वायु आदि के रूप में शरीर से बाहर निकाल दिए जाते हैं और सांस के साथ-साथ इसके अंदर लगातार ऑक्सीजन आता रहता

है तथा खाते समय भोजन पदार्थ भी उसे मिलते रहते हैं। इसी को पदार्थों तथा ऊर्जा का आदान-प्रदान कहते हैं जिसके अभाव में जीवन असंभव है।

हमारे शरीर को भोजन की कितनी मात्रा चाहिए? इस प्रश्न का उत्तर देने के लिए यह जानना आवश्यक है कि मनुष्य का शरीर कुल कितनी ऊर्जा खर्च करता है।

जो लोग शारीरिक परिश्रम नहीं करते हैं वे 24 घंटे में लगभग 3000-3200 बृहत् कैलोरी* ऊर्जा व्यय करते हैं, मशीनों के साथ शारीरिक कार्य करने में रोज लगभग 3500 कैलोरी तथा कठिन शारीरिक कार्य में लगभग 4000 कैलोरी या इससे भी अधिक ऊर्जा खर्च होती है। इसलिए दिन भर में जितना भोजन किया जाए उसका कैलोरी-मान** भी बृहत् कैलोरी के लगभग बराबर-सा ही होना चाहिए। खाने-पीने की चीज़ें चुनते समय इस बात का ध्यान रखें कि विभिन्न चीजों के कैलोरी-मान एक जैसे नहीं होते हैं। वसा में सबसे अधिक कैलोरी-ऊर्जा होती है : 100 ग्राम बनस्पति तेल या घी में लगभग 880 कैलोरी-ऊर्जा होती है। मांस की इतनी मात्रा में 165 कैलोरी, इतनी चीनी में 405 कैलोरी, अन्न तथा मैकरोनी में 310 से 335 कैलोरी तक, डबलरोटी में 190 से 230 कैलोरी तक, आलू में 65 कैलोरी तथा गोभी में 20 कैलोरी-ऊर्जा होती है।

पर्याप्त कैलोरी वाले भोजन से शरीर को आवश्यक ऊर्जा प्राप्त हो जाती है। पर यह काफी नहीं है। भोजन केवल ऊर्जा का ही स्रोत नहीं होता है। शरीर के अंदर हर समय जीवित पदार्थों का विघटन होता रहता है जिसके उत्तर में जीवित कोशिकाओं व ऊतकों का निर्माण होता रहता है। इस काम के लिए सामग्री भोजन ही तो देता है।

रोजाना हर सेकेंड लाखों की संख्या में जीव की कोशिकाएँ नष्ट होती रहती हैं तथा नयी कोशिकाएँ उनकी जगह लेती रहती है। यह बात मुख्यतः रुधिर कोशिकाओं पर लागू होती है—लाल तथा श्वेत रुधिर कणों पर। अधिकांश कोशिकाएँ ज्यादा से ज्यादा कुछ साल जीवित रहती हैं, आमतौर पर उनकी आयु कुछ महीने या कुछ सप्ताह ही होती है अर्थात् उनकी उम्र संपूर्ण जीव की उम्र

---

* शरीर के अंदर जितने भी प्रकार की ऊर्जा बनती है वे सभी अंत में जाकर ऊष्मा में परिवर्तित हो जाती हैं इसीलिए ऊर्जा की इकाई कैलोरी रखी गई है। 1 लीटर पानी का ताप 1^0 बढ़ाने के लिए जितनी ऊर्जा की आवश्यकता होती है उसे बृहत् कैलोरी कहते हैं।

** किसी भी खाद्य पदार्थ को खाने से कैलोरी की जितनी संख्या बनती है उसे उस पदार्थ का कैलोरी-मान कहते हैं।

से बहुत ही कम होती है। 5 से 7 दिन के अंदर मनुष्य के अंदर विद्यमान कुछ प्रोटीन के आधे भाग का पूर्ण नवीकरण हो जाता है। इसी कारण हमारे भोजन में उन चीजों का होना आवश्यक है जिनसे हमारा शरीर बना है : प्रोटीन, वसा, कार्बोहाइड्रेट, खनिज लवण, विटामिन, जल।

जठर रस की प्रक्रिया के फलस्वरूप आंतों के अंदर **प्रोटीन** एमीनो-अम्लों में परिवर्तित हो जाते हैं। इसके उपरांत ये एमीनो-अम्ल जीव के विशिष्ट प्रोटीनों में रूपांतरित हो जाते हैं। भोजन में प्रोटीन का होना इसलिए आवश्यक है कि शरीर के अंदर प्रोटीन केवल भोजन के पदार्थों के एमीनो-अम्लों से ही बन सकता है जबकि कार्बोहाइड्रेट वसा तथा प्रोटीनों से बन सकते हैं तथा वसा-प्रोटीन व कार्बोहाइड्रेटों से।

जंतुओं से प्राप्त भोजन (मांस, मछली, दूध, दही, पनीर, अंडों तथा कैवियर) में सर्वाधिक महत्त्वपूर्ण प्रोटीन विद्यमान हैं। वनस्पति खाद्य पदार्थों की श्रेणी में सबसे अधिक प्रोटीन फलीदार सब्जियों (उड़द, मटर, सोया बीन) के अंदर होता है। डबलरोटी तथा अनाज में प्रोटीन की मात्रा सबसे कम होती है।

दिमागी काम या हल्के शारीरिक कार्य करने वाले व्यक्ति को एक दिन में लगभग 100 ग्राम प्रोटीन की आवश्यकता होती है।

किसी भी अन्य पौष्टिक खाद्य पदार्थों के मुकाबले जंतुओं के प्रोटीनों में हृदय तथा रुधिर-वाहिकाओं की गतिविधि तीव्र करने की क्षमता अधिक होती है जिसकी बदौलत केंद्रीय तंत्रिका-तंत्र का उद्दीपन बढ़ जाता है। परंतु जो लोग ज्यादा मांस खाने के आदी नहीं होते हैं उनके लिए जंतुओं के प्रोटीन की हद से ज्यादा मात्रा हानिकारक सिद्ध होती है। सुप्रसिद्ध रूसी डाक्टर फे. इनोजेमत्सेव तथा अ. ओ-स्त्रोऊमोव ने रोगियों को मांस की जगह दूध तथा सब्जियाँ लेने की सलाह दी। उनके कथनानुसार मांस तंत्रिका-तंत्र को उद्दीपित करता है जबकि दूध तथा फल-सब्जियाँ इसको शांत रखती हैं, इनके सेवन से नींद भी अच्छी आती है। हृद्वाहिका-तंत्र के भली भांति कार्य करने के लिए अच्छी नींद परम आवश्यक है। इसका मतलब यह नहीं है कि मांस खाना ही छोड़ दिया जाए। संतुलित खुराक एक ही प्रकार की नहीं होनी चाहिए, उसमें अदल-बदल ज़रूर करनी चाहिए। भोजन में ऊपर बताई सभी चीजें तो होनी चाहिएँ पर इसके साथ-साथ इन सबका आपस में एक निश्चित अनुपात भी होना चाहिए।

वसा ऊर्जा का बहुमूल्य स्रोत है। 1 ग्राम वसा 9.3 कैलोरी ऊर्जा देती है जबकि 1 ग्राम प्रोटीन या कार्बोहाइड्रेट केवल 4.1 कैलोरी ऊर्जा देते हैं। कोशिकाओं के निर्माण में भी वसा की आवश्यकता पड़ती है।

दूध, मक्खन तथा दूध की बनी अन्य चीजों में उपस्थित वसा स्वास्थ्य के लिए बहुत लाभकारी होती है क्योंकि उसमें विटामिन A होता है जो मानव के लिए परम आवश्यक है। मांस की वसा तथा वनस्पति तेल में यह विटामिन बिल्कुल नहीं होता है। हालांकि अब यह सत्य सिद्ध हो गया है कि असंतृप्त वसीय अम्ल तथा अन्य पदार्थ (विटामिन आदि) द्रव्य-विनिमय में बहुत उपयोगी भूमिका निभाते हैं तथा ये मुख्यतः वनस्पति तेल में विद्यमान होते हैं। इसी कारण मनुष्य को दोनों प्रकार की चीजों का इस्तेमाल करना चाहिए—जंतुओं की वसा का भी तथा वनस्पति तेल का भी। भोजन में वनस्पति वसा का अधिक प्रयोग अधेड़ उम्र वाले लोगों के लिए विशेष रूप से लाभदायक है क्योंकि जंतुओं की वसा में कोलेस्टेरोल बहुत अधिक मात्रा में होता है। इसकी ज़रूरत से ज्यादा मात्रा शरीर के लिए काफी हानिकारक है (इसके लिए आगे अध्याय 'ऐथिरोस्क्लेरोसिस' देखिए)।

अधेड़ उम्र के लोगों को वे अन्य चीजें भी कम खानी चाहिए जिनमें कोलेस्टेरोल बहुत अधि मात्रा में विद्यमान है जैसे, अंडे की जर्दी, कैवियर, जानवरों का जिगर, भेजा, गुर्दे, दिल, फेफड़े, चाकलेट, चर्बी वाला मांस तथा चर्बी वाली मछली। यह बात न भूलें कि इन चीजों को केवल कम मात्रा में खाना चाहिए। हम यह नहीं कह रहे हैं कि इनका सेवन बिल्कुल भी न किया जाए। उदाहरण के लिए, अगर हफ्ते में 4 या 5 बार रोज एक अंडा लिया जाए तो अधेड़ क्या बूढ़े लोगों को भी कोई नुकसान नहीं पहुँचेगा। इसका कारण यह है कि अंडे की जर्दी में कोलेस्टेरोल की बहुत अधिक मात्रा (200 मिलीग्राम तक) के साथ-साथ लैसिथिन की पर्याप्त मात्रा (11% तक) होती है। लैसिथिन की विशेषता यह है कि वह रुधिर-वाहिकाओं में कोलेस्टेरोल के जमा होने में बाधा डालता है। मेथाइओनीन (दही में) तथा बकरे के मांस में भी यह गुण पाया जाता है।

भोजन के पचने की क्रिया के दौरान **कार्बोहाइड्रेट**—चीनी तथा स्टार्च-चीनी के सरलतम रूप—ग्लूकोस में परिवर्तित हो जाते हैं जिनका रुधिर चूषण कर लेता है। शरीर इनका प्रयोग मुख्यतः ऊर्जा के स्रोत के रूप में करता है। हमें चीनी केवल शुद्ध रूप में ही प्राप्त नहीं होती है। शहद तथा मिठाई में चीनी काफी मात्रा में होती है, दूध में भी काफी चीनी होती है। स्टार्च हमें डबलरोटी, रोटी तथा आटे की बनी अन्य चीजों से प्राप्त होता है। सब्जियों में सबसे ज्यादा स्टार्च आलू के अंदर होता है। यहाँ इस बात की जानकारी होनी आवश्यक है कि स्टार्च का महत्त्व भोजन में शामिल सब प्रकार की चीनी तथा ग्लूकोस से काफी कम है। इसके अतिरिक्त स्टार्च पानी में अविलेय है तथा शरीर द्वारा इसका पाचन बहुत धीरे-धीरे होता है।

ऋअगर हमारे शरीर में कार्बोहाइड्रेट की मात्रा आवश्यकता से अधिक होती है तो शरीर में चर्बी बढ़ जाती है। यही कारण है कि शारीरिक परिश्रम न करने वाला व्यक्ति अगर हद से ज्यादा मीठा तथा मैदे की बनी चीजें खाता है तो वह मोटा हो जाता है जिससे उसके हृदय की कार्यगति में परेशानी पैदा हो जाती है।

चीनी तथा स्टार्च के अलावा भोजन में एक और प्रकार का भी कार्बोहाइड्रेट होता है—सेलुलोस। शरीर द्वारा इसका पाचन लगभग न के बराबर होता है परंतु इसकी कुछ मात्रा उपयोगी सिद्ध होती है। बात यह है कि सेलुलोस आंतों की प्रक्रिया तेज करता है जिससे मनुष्य कब्ज से बचा रहता है। आटे, सब्जियों, फलों तथा बेरियों में सेलुलोस की काफी मात्रा होती है।

शरीर के अंदर विद्यमान **खनिज लवण** बहुत महत्त्व रखते हैं। पानी में घुल जाने के बाद ये विभिन्न अंगों तथा ऊतकों की अवस्था पर काफी प्रभाव डालते हैं। इन लवणों का कुछ भाग हर समय शरीर से बाहर निकलता रहता है इसलिए इनके भंडार में उत्पन्न कमी भोजन द्वारा दूर की जानी चाहिए।

सोडियम क्लोराइड के अलावा अधिकांश आवश्यक खनिज लवण हमें संतुलित भोजन से प्राप्त हो जाते हैं। सोडियम क्लोराइड की कमी को पूरा करने के लिए भोजन में प्रायः नमक मिलाते हैं।

मनुष्य को आमतौर पर हर 24 घंटे में लगभग 10-12 ग्राम सोडियम क्लोराइड की आवश्यकता पड़ती है। गर्म जलवायु वाले इलाकों में आदमी को पसीना ज्यादा आता है जिस कारण उसके शरीर से नमक भी बाहर ज्यादा निकलता है इसलिए वहाँ के लोग नमक ज्यादा खाते हैं।

इस बात का ख्याल रखें कि जरूरत से ज्यादा नमक का प्रयोग शरीर के लिए हानिकारक सिद्ध हो सकता है। इसके कारण कभी-कभी शरीर में जलस्फीति हो जाती है।

भोजन में उपस्थित सभी खनिज द्रव्यों में से पोटेशियम, कैल्सियम, फोस्फोरस तथा मैग्नीशियम तंत्रिका तथा हृद्वाहिका-तंत्र की कार्यगति में विशेष भूमिका निभाते हैं। परानुकंपी व अनुकंपी तंत्रिका की तरह पोटेशियम तथा कैल्सियम भी हृदय पर विरोधी प्रभाव डालते हैं : परानुकंपी तंत्रिका की तरह पोटेशियम हृदय-संकुचन की गति घटाता है जबकि कैल्सियम अनुकंपी तंत्रिका की भांति हृदय-संकुचन की गति बढ़ाता है। इसके अतिरिक्त फॉस्फोरस की तरह कैल्सियम भी तंत्रिका-तंत्र की सामान्य कार्यगति के लिए आवश्यक होता है। पोटेशियम तथा कैल्सियम दोनों ही मूत्ररेची का कार्य करते हैं। मैग्नीशियम केन्द्रीय तंत्रिका-तंत्र का उद्दीपन कम करता है।

किस प्रकार के भोजन में ये सब खनिज द्रव्य विद्यमान होते हैं? कैल्सियम तथा फोस्फोरस के यौगिक दूध, दही तथा पनीर के अंदर होते हैं तथा इनका पाचन बहुत अच्छी तरह से होता है। सब्जियों और फलों में (विशेषतः सूखी खुबानी, सूखे आड़ू, फलीदार पौधे, पालक, आलू, किशमिश, ताजी खुबानी, ताजे आड़ू, मूली, शलगम, केला, पेठा) पोटेशियम लवण पर्याप्त मात्रा में विद्यमान होते हैं। आटे, कूटू, जौ तथा अखरोट, बादाम में पर्याप्त मात्रा में मैग्नीशियम होता है जबकि सब्जियों व फलों में इसकी मात्रा काफी कम होती है।

अच्छे द्रव्य विनिमय, अच्छे स्वास्थ्य तथा सहनशीलता बढ़ाने के लिए हमें **विटामिनों** की आवश्यकता होती है। इसलिए हमारे भोजन में इनकी पर्याप्त मात्रा होनी चाहिए। विटामिनों के नाम ज्यादातर लैटिन अक्षरों पर रखे जाते हैं : A, B_1, B_2, B_6, B_{12}, C, D, E आदि। प्रत्येक विटामिन में दूसरे विटामिनों से भिन्न गुण होते हैं। इनमें से कुछ विटामिनों का हम यहाँ वर्णन करेंगे।

विटामिन A आँखों की ज्योति ठीक रखता है (विशेषतः शाम के धुंधले में), ऊतकों की वृद्धि ठीक रखता है, त्वचा तथा श्लेष्मल झिल्ली की ऊपरी सतह की कोशिकाओं को मजबूत बनाता है जिसके फलस्वरूप मनुष्य श्वसनी शोथ (bronchitis) तथा व्रण-रोग (furunculosis) से बचा रहता है। मछली के तेल, मक्खन, दूध की क्रीम, अंडे की जर्दी तथा जानवरों के जिगर में इस विटामिन की काफी मात्रा होती है। लाल गाजर, टमाटर, खूबानी, हरे मटर, हरे प्याज तथा पालक में कैरोटीन होता है जो शरीर के अंदर पहुँचकर विटामिन A में परिवर्तित हो जाता है।

तंत्रिका-तंत्र तथा हृद्वाहिका-तंत्र को अपना कार्य ठीक प्रकार से करने के लिए विटामिन B_1 की आवश्यकता होती है। रोटी, कूटू, मांस, फलीदार फसलों तथा खमीर के अंदर यह विटामिन पर्याप्त मात्रा में होता है।

अन्य विटामिनों की तरह विटामिन C या ऐस्कार्बिक अम्ल भी शरीर के लिए परम आवश्यक है। यह विटामिन संक्रामक रोगों के जीवाणुओं के प्रति शरीर की प्रतिरोधशक्ति बढ़ाता है। इस विटामिन की कमी होने पर केशिकाएँ दुर्बल हो जाती हैं। कठिन शारीरिक परिश्रम करते समय, गर्भावस्था में, बच्चे को छाती का दूध पिलाते समय, विभिन्न रोगों के दौरान तथा हृदय में खराबी आ जाने पर मनुष्य को विटामिन C की अधिक मात्रा की आवश्यकता होती है, इसलिए सब्जियाँ तथा फल, जिनमें विटामिन C भरपूर मात्रा में होता है, खूब खाने चाहिएँ। आलू, गोभी, शलगम, मूली, टमाटर तथा हरे सागों में भी विटामिन C पाया जाता है। नींबू, मौसमी, संतरे, स्ट्राबेरी, किशमिश तथा जंगली गुलाब के फलों में यह

विटामिन काफी मात्रा में होता है। यह विटामिन सेबों में (खास तौर पर खट्टी किस्मों में) भी होता है। आजकल विटामिनों की लगभग सभी किस्में पाउडरों, गोलियों, कैप्स्यूलों के रूप में मिल जाती हैं, यहाँ तक कि इनको पीने की दवाइयों व इंजेक्शनों के रूप में भी बनाया जाता है। मुँह के रास्ते या इंजेक्शनों द्वारा इन विटामिनों का प्रयोग निस्संदेह मनुष्य के लिए बहुत उपयोगी सिद्ध होता है। परंतु फिर भी इस बात को न भूला जाए कि विटामिनों का प्राकृतिक रूप में प्रयोग ही सर्वाधिक लाभदायक है (आगे देखिए)।

शरीर में उपस्थित **जल** का शरीर के कुल भार शरीर के कुल भार का 70% होता है। जल की आवश्यकता इसलिए होती है कि शरीर के अंदर जटिल रसायनिक प्रक्रियाएँ अर्थात् द्रव्य-विनिमय की क्रिया ठीक प्रकार से घटित होती रहे। द्रव्य-विनिमय के अधिकांश हानिकारक तत्त्व पानी में घुलकर ही शरीर से बाहर निकल जाते हैं (मूत्र के रास्ते व पसीने में मिलकर)। इसके अतिरिक्त जल शरीर का तापमान स्थिर रखने की क्रिया में भी महत्त्वपूर्ण भूमिका निभाता है क्योंकि जब शरीर से बहुत अधिक मात्रा में पसीना निकलता है तो शरीर की ऊपरी सतह की गर्मी में कमी हो जाती है जिसके कारण शरीर आवश्यकता से अधिक गर्म होने से बचा रहता है।

मनुष्य को हर दिन लगभग 2 से 2.5 लीटर तक पानी पीना चाहिए। इसमें पानी की वह मात्रा भी शामिल है जो भोजन में उपस्थित होती है। 24 घंटे में लगभग 1.5 लीटर पानी पीना चाहिए।

द्रव की कम मात्रा तो शरीर के लिए हानिकारक होती ही है पर इसके साथ-साथ आवश्यकता से अधिक मात्रा भी हानि पहुँचाती है। अधिक मात्रा में द्रव लेने पर हृद्वाहिका-तंत्र पर काफी जोर पड़ता है। दिन में कई बार तेज़ चाय तथा कॉफ़ी पीना भी मनुष्य के लिए काफी नुकसानदेह है क्योंकि इनके अंदर कैफीन होती है जो केन्द्रीय तंत्रिका-तंत्र को उत्तेजित करती है। इन चीजों के अधिक सेवन से अनिद्रा तथा हृदय की धड़कन तेज़ हो सकती है। खाने-पीने की ऐसी कौन-कौन-सी चीजें हैं जो हर उम्र के व्यक्ति के लिए उपयोगी हैं विशेषतः मध्यवय तथा बुजुर्ग लोगों के लिए?

सबसे पहले हम **दूध तथा दूध की बनी चीजों** का नाम लेते हैं। दूध जैसी शायद ही कोई अन्य चीज हो जिसमें मनुष्य के लिए सभी आवश्यक तत्त्व इतनी अधिक संख्या में उपस्थित हों। दूध में उच्च कैलोरी वाली प्रोटीन, वसा, लैक्टोस (दूध की चीनी), सभी प्रकार के विटामिन (थोड़ी-थोड़ी मात्रा में) तथा खनिज लवण होते हैं। यही गुण दूध की बनी चीजों में होते हैं जैसे, दही, खट्टे दूध,

घोड़ी के दूध, लस्सी आदि में

पनीर में 12% प्रोटीन तथा 18% तक वसा, कैल्सियम, फॉस्फोरस के यौगिक मेथाइओनीन होती है।

सोवियत संघ की चिकित्सा विज्ञान अकादमी के आहार-संस्थान के सुझाव पर प्रत्येक वयस्क व्यक्ति को हर रोज दूध तथा दूध से बनी चीज़ों का निम्न मात्रा में सेवन करना चाहिए : 500 ग्राम ताजा दूध या दही, 20 ग्राम क्राम तथा 50 से 100 ग्राम तक पनीर। ये चीजें 45-50 तथा इससे भी अधिक उम्र वाले लोगों के शरीर में एक प्रकार के रक्षात्मक तत्त्व का कार्य करती हैं विशेषतः उन लोगों में, जिनमें ऐथिरोस्क्लेरोसिस आरंभिक अवस्था में है।

अफसोस की बात यह है कि सभी लोगों के लिए दूध तथा दही अनुकूल नहीं होते हैं, कुछ लोगों को इनसे गैस की परेशानी हो जाती है तथा कभी-कभी दस्त भी आने लगते हैं (diarrhoea) । इस परेशानी से बचने के लिए क्रीम में पानी मिलाकर पीना चाहिए। यह बात विशेष महत्त्व की है कि हृद्वाहिका-तंत्र के विभिन्न रोगों से पीड़ित बहुत सारे लोगों को दूध तथा दूध से बनी चीजों के नियमित सेवन के लाभ तथा इनके गुणों की जानकारी ही नहीं है। इसके दो और कारण भी हो सकते हैं। पहला यह कि इन लोगों को दूध व दूध से बनी चीज़ों की आदत नहीं होती तथा दूसरा यह कि इन्हें ऊपर बताई बातों की जानकारी भी नहीं होती।

आहार में (विशेषतः हृद्वाहिका-तंत्र के लिए) **सब्जियों, सागों, फलों व बेरियों** की रक्षात्मक भूमिका का महत्त्व कम आंका जाता है। इन सब चीजों का (अखरोट, बादाम, अंगूर व केले के अलावा) कैलोरी-मान बहुत कम या न के बराबर होता है। द्रव्य-विनिमय में ये चीजें अतिमहत्त्वपूर्ण भूमिका निभाती हैं। ये खनिज लवणों, विटामिनों, विशेष रूप से विटामिन C का मुख्य स्रोत हैं। विटामिन C ऐथिरोस्क्लेरोसिस के इलाज व इससे बचाव के लिए बहुत लाभदायक सिद्ध होता है। ताज़े टमाटरों में यह विटामिन बहुत अधिक मात्रा में होता है परंतु टमाटर के रस में काफी कम। नवीनतम आँकड़ों के अनुसार मध्यवय तथा बूढ़े लोगों के लिए इनके सेवन पर किसी प्रकार के प्रतिबंध की आवश्यकता नहीं है अगर किसी विशेष रोग (जिगर, जठरांत्र रोग आदि) की शिकायत नहीं है। विटामिन D जो कि ऐथिरोस्क्लेरोसिस में सहायक सिद्ध होता है, फलों व सब्जियों में पूर्णतया अनुपस्थित रहता है। भोजन में सब्जियों के प्रयोग से जठर-रस का स्रवण बढ़ जाता है जिससे प्रोटीन का पाचन और भी अच्छी तरह से होता है। इस बात को याद रखें कि सब्जियों के सेवन से सबसे अधिक लाभ तब होता है जब इनको सलाद के रूप में खाया जाता है।

फलों में सेब (विशेषतः खट्टे-मीठे) सबसे ज्यादा फायदेमंद होते हैं। ये आंतों में द्रव्य-विनिमय की क्रिया में बहुत मदद करते हैं। अंगूर, संतरे, मौसमी, नींबू, अनार व खूबानी आदि का सेवन भी लाभदायक होता है।

ऐसी सब्जियों, जिनमें सेलुलोस की बहुतायत होती है (आलू, विशेषतः गोभी) के खाने से बहुत सारे लोगों को ऊपर बतायी गैस की परेशानी हो जाती है जो केवल आंतों पर ही नहीं बल्कि हृदय पर भी बुरा प्रभाव डालती है। ऐसी बात होने पर या तो इन सब्जियों का खाना ही बंद कर दिया जाए या फिर पीसकर भुर्ते या कटलेट के रूप में खाया जाए।

मांस तथा मछली प्रोटीन के मुख्य स्रोत हैं। मांस का चुनाव करते समय सबसे पहले इस बात का ख्याल रखें कि उसमें चर्बी की मात्रा कम से कम हो। आमतौर पर मांस में 5% से 35% चर्बी होती है। बुजुर्ग लागों को उबला मांस खाना चाहिए तथा भुने व तले मांस का कम से कम सेवन करना चाहिए। जैसाकि हम ऊपर बता चुके हैं इन चीजों में कोलेस्टेरोल की मात्रा बहुत ही अधिक होती है। इसके अतिरिक्त इनमें प्यूरिन भस्म (purine bases) भी उपस्थित होते हैं जिनमें कैफीन से मिलते-जुलते गुण होते हैं। इन सब बातों के कारण ऐथिरोस्क्लेरोसिस तथा गाउट के बढ़ने की संभावना रहती है। छोटी उम्र के जानवरों (जैसे, मेमना, चूजा आदि) में बूढ़े जानवरों की अपेक्षा प्यूरिन भस्म की मात्रा अधिक होती है इसलिए मध्यवय तथा बुजुर्ग लोगों को मेमने की जगह बकरे का मांस या मुर्गी खानी चाहिए।

नदियों में पाई जाने वाली मछलियों विशेषतः बिना चर्बी वाली तथा समुद्र में पायी जाने वाली मछलियों को जीव आसानी से पचा लेता है। परंतु चर्बी वाली मछली तथा लाल मछली मुश्किल से पचती है इसलिए इन मछलियों की सीमित मात्रा खानी चाहिए। यहाँ हम एक बार फिर इस बात को दोहराना चाहेंगे कि हमारा अभिप्राय केवल सीमित मात्रा से है। हम यह नहीं कह रहे हैं कि इन चीजों को बिल्कुल ही न खाएँ, विशेषतः जब आपको इनकी आदत पड़ी हुई है।

बेहतर तो यही होगा अगर मांस तथा मछली बारी-बारी से खाई जाए क्योंकि इससे मनुष्य को मांस तथा मछली दोनों में विद्यमान उपयोगी पदार्थ मिल जाएँगे। इसके अलावा खाने में अदल-बदल आंतों की कार्यगति पर भी अनुकूल प्रभाव डालेगा।

मांस की बहुत ही कम मात्रा खाने से तथा प्रोटीन के सीमित प्रयोग से (1 किलोग्राम भार पर 0.8 ग्राम से कम) शरीर में प्रोटीन की कमी हो जाती है जिसके परिणामस्वरूप इसके लिए परम आवश्यक एमीनो-अम्लों का अभाव

हो जाता है। फिर भी इस बात को न भूलें कि 45-50 साल तथा इससे अधिक आयु वाले लोगों को मांस का प्रयोग केवल सीमित मात्रा में ही करना चाहिए। मांस उनके आहार की मुख्य चीज नहीं होनी चाहिए। यह सावधानी एक प्रकार के रोगनिरोधक का कार्य करती है।

जहाँ तक **मैदे तथा अनाज की चीजों** का सवाल है तो याद रखें कि इनमें कार्बोहाइड्रेट की मात्रा 40 से 50% तक होती है। दिन भर में जितनी भी चीजें हम खाते हैं उनमें सबसे अधिक कैलोरीमान रोटी का होता है। 500 ग्राम आटे की रोटियों में 1200 बृहत कैलोरी से भी अधिक ऊर्जा होती है, इसके अतिरिक्त मैदा तथा रोटी शरीर में चर्बी का मुख्य स्रोत है। इसलिए 45-50 साल से अधिक उम्र वाले लोगों को आटे की बनी चीजों का सीमित सेवन करना चाहिए, विशेषतः अगर वे मोटापे के शिकार हैं।

अन्न में कूटू तथ जई को विशेष महत्त्व देना चाहिए। इनमें कार्बोहाइड्रेट की मात्रा तो कम होती है परंतु सभी आवश्यक ऐमीनो-अम्ल तथा अतिलाभदायक वसीय अम्ल विद्यमान रहते हैं। इसके अतिरिक्त इनमें बहुत सारे खनिज लवण भी उपस्थित होते हैं। सीमित मात्रा में मैदे की कुछ चीजें खाई जाएँ तो कोई बुरी बात नहीं है जैसे कि विभिन्न प्रकार की सेंवई।

चीनी को अगर जैम (मुरब्बे), फलों या फलों के रसों के रूप में खाया जाए तो इससे अच्छी कोई बात ही नहीं है। शहद बहुत ही लाभदायक चीज है, इसमें बहुत बड़ी संख्या में खनिज लवण, विटामिन, कुछ हर्मोन तथा प्रतिजैव (antibiotics) विद्यमान होते हैं। शहद अपने लाभकारी गुणों के कारण प्राचीन काल से प्रसिद्ध चला आ रहा है। प्राचीन पूर्व के सुविख्यात चिकित्सक इब्न सीना (Avicenna) ने इन शब्दों में शहद की उपयोगिता का वर्णन किया है : "अगर जवानी कायम रखनी है तो शहद जरूर खाओ"। ग्रीस के दार्शनिक अरस्तु ने भी यही बात कही है। उनका कहना है कि शहद खाने से मनुष्य दीर्घायु होता है। 24 घंटों में अगर चीनी की जगह 50-100 ग्राम शहद खा लिया जाए तो इससे अच्छी और कोई बात नहीं है।

24 घंटों में एक स्वस्थ व्यक्ति को कितना तथा किस प्रकार का भोजन खाना चाहिए?

हम ऊपर बता चुके हैं कि खाने में केवल विभिन्नता ही काफी नहीं है। इसके साथ-साथ उसमें उपस्थित पोषक पदार्थों में एक निश्चित अनुपात का होना भी परम आवश्यक है। ऐसा होने पर ही खाना ठीक प्रकार से पचेगा तथा द्रव्य-विनिमय ठीक प्रकार से घटेगा। दिमागी काम या हल्का शारीरिक परिश्रम

करने वाले एक जवान आदमी के लिए प्रोटीन, वसा तथा कार्बोहाइड्रेट के बीच 1:1:5 का अनुपात उपयोगी सिद्ध होता है, अर्थात् 100 ग्राम प्रोटीन + 100 ग्राम वसा (जानवरों की वसा अधिक तथा वनस्पतियों की कम) + 500 ग्राम कार्बोहाइड्रेट। इस प्रकार 24 घंटों में लगभग 3400 बृहत् कैलोरी ऊर्जा बनती है। 45-50 तथा इससे अधिक उम्र वाले लोगों के लिए 0.6 : 0.5 : 4 का अनुपात बेहतर रहता है अर्थात् 60-80 ग्राम प्रोटीन + 50-60 ग्राम वसा (वनस्पतियों की अधिक तथा जानवरों की कम) + 400-500 ग्राम कार्बोहाइड्रेट। इस हिसाब से 24 घंटों में 2300-3000 बृहत् कैलोरी ऊर्जा बनती है।

अगर ऊपर बताया अनुपात न रखा जाए तो क्या होगा? अगर मोटापे का शिकार कोई भी आदमी, खास तौर पर 45-50 या इससे ज्यादा उम्र वाला, 24 घंटों में 150 ग्राम प्रोटीन, 150-200 ग्राम वसा (मुख्यतः जानवरों की) तथा 600-700 ग्राम कार्बोहाइड्रेट खाने लगे तथा इसके साथ-साथ मैदे की तथा मीठी चीजों को भी हद से ज्यादा खाने लगे (24 घंटों में लगभग 4500-5500 बृहत् कैलोरी ऊर्जा) और उसका शारीरिक तथा मानसिक कार्य न बढ़े तो क्या होगा? इस अवस्था में मनुष्य को जितनी कैलोरी ऊर्जा मिलती है वह उसके खर्चे के मुकाबले बहुत ज्यादा होती है जिसके परिणामस्वरूप शरीर के विभिन्न भागों में चर्बी जमा हो जाती है—पेट की कोशिकाओं के अंदर, हृदय के चारों ओर तथा हृदय के अंदर। आदमी का वजन बढ़ता जाता है और वह मोटा होता जाता है! कुछ समय तक तो उसका स्वास्थ्य ठीक रहता है फिर जमी हुई चर्बी विभिन्न रोगों का कारण बन जाती है। इस समय सबसे ज्यादा हानि हृद्वाहिका-तंत्र को पहुँचती है। चर्बी वाला हृदय ज्यादा देर तक काम नहीं कर पाता : सांस फूलने लगती है, तबीयत खराब रहने लगती है तथा कार्यक्षमता कम होने लगती है। मोटापे के कारण मनुष्य आसानी से ऐथिरोस्क्लेरोसिस का शिकार बन जाता है तथा इससे रोग भी बढ़ता जाता है (ऐथिरोस्क्लेरोसिस का सविस्तार वर्णन तीसरे अध्याय में किया गया है)। ज्यादा खाने तथा ज्यादा पीने से जठर का आकार भी बढ़ जाता है जिसके कारण मनुष्य भोजन का कुछ भाग पचाने में असमर्थ हो जाता है। उदरीय दीवारों में चर्बी के जमा हो जाने से आंतें सुस्त हो जाती हैं। जिस आदमी की जीवनचर्या सक्रिय नहीं होती है उसके साथ प्रायः ऐसा होता है। इसके परिणामस्वरूप कब्ज की शिकायत होने लगती है तथा कभी-कभी आंतों में गैस के कारण दर्द होने लगती है। आमाशय के खींचे जाने तथा आंतों के फूल जाने के कारण मध्यपट अधिक ऊँचा उठ जाता है जिसके कारण हृदय की स्थिति अधिक क्षैतिज हो जाती है। हृदय लेट सा जाता है। यह अवस्था हृदय

की कार्यगति पर बुरा प्रभाव डालती है।

जो लोग जरूरत से ज्यादा खाने की बुरी आदत के शिकार हैं उनका केवल हृद्वाहिका-तंत्र ही खराब नहीं होता, वे एक प्रकार से अपनी आयु भी कम कर रहे होते हैं। पुराने जमाने से डाक्टर लागे कहते आ रहे हैं कि मोटे आदमियों के मुकाबले पतले-दुबले आदमियों की उम्र लंबी होती है।

जितनी जल्दी आदमी मोटापा पैदा करने वाली चीजों से पीछा छुड़ाने की कोशिश करेगा, विशेषतः ज्यादा खाने की आदत छोड़ देगा, उतनी ही जल्दी उसकी तबीयत सुधरनी शुरू हो जाएगी, उसके कद तथा भार का अनुपात ठीक हो जाएगा (आगे देखिए), हृदय तथा जठरांत्र की कार्यगति ठीक हो जाएगी तथा वह ऐथिरोस्क्लेरोसिस से सुरक्षित हो जाएगा।

जिन लोगों को ऐथिरोस्क्लेरोसिस तथा अतितान (hypertension) की परेशानी महसूस होने लगती है उन्हें मोटापे से अवश्य बचकर रहना चाहिए।

इस बात का मतलब यह नहीं है कि बहुत थोड़ा मोटापा भी मनुष्य के लिए खतरनाक होता है। सुप्रद्ध महमूद ऐवाजोव जिसकी उम्र 1958 में 150 साल थी, थोड़ा सा मोटा था।

हद से ज्यादा खाने के अलावा मोटापे के कई और भी कारण होते हैं, जैसे कि कुछ ग्रंथियों के आंतरिक स्रवण में खराबी। डिम्बाशय या कंठ ग्रंथि (thyroid gland) की कार्यगति में कुछ कमी आने पर भी ऐसा हो जाता है। माँ बनने के तुरंत बाद कुछ स्त्रियों का वजन काफी बढ़ जाता है। कभी-कभी खतरनाक संक्रामक रोग के बाद भी (मियादी बुखार आदि) आदमी और औरत दोनों का ही वजन काफी बढ़ जाता है।

फिर भी मोटापे के मुख्य कारण अतिभोजन तथा निष्क्रिय दिनचर्या ही हैं।

मोटापे से कैसे बचें? मोटे आदमी को सबसे पहला काम यह करना चाहिए कि वह अपने भोजन का कैलोरी मान कम करे। उसे उतनी कैलोरी लेनी चाहिएँ जितनी ऊर्जा वह खर्च करता है। उसे अपने भोजन में वसा, विशेषतः जानवरों की वसा की मात्रा धीरे-धीरे कम करनी चाहिए और अंत में निम्नतम मात्रा पर आ जाना चाहिए। शरीर को अपने वसा के भंडार से काम चलाना चाहिए। रोटी, आलू, मीठी चीजें तथा मैदे की चीजें बिल्कुल सीमित मात्रा में खानी चाहिए। जिन चीजों से प्यास ज्यादा लगती है उन्हें कम से कम मात्रा में लेना चाहिएँ, जैसे, मिर्च-मसाले, नमकीन-चपटी चीजें क्योंकि मोटे आदमी के शरीर के अंदर वैसे ही पानी की काफी मात्रा जमा रहती है। दूध से बनी चीजें ज्यादा खानी चाहिएँ परंतु क्रीम बिल्कुल नहीं लेनी चाहिए तथा पनीर भी वसारहित होना चाहिए।

फल, सब्जियाँ, साग बिना किसी पाबंदी के इच्छानुसार मात्रा में खाए जा सकते हैं।

मोटापा कम करने के लिए पेट भर के खाने की बुरी आदत छोड़ देना बहुत ज़रूरी है। भोजन थोड़ी-थोड़ी मात्रा में तथा दिन में-5-6 बार करना चाहिए। ऐसी चीजें खानी चाहिएँ जिससे कब्ज की परेशानी ही न हो (भटूरे, पूड़ी नहीं खानी चाहिएँ, सब्जियाँ पर्याप्त मात्रा में लेनी चाहिएँ), पेट की मालिश करनी चाहिए, सैर करनी चाहिए तथा व्यायाम करना चाहिए। कभी-कभी डाक्टर की सलाह पर दस दिनों में एक दिन हल्का खाना लेना चाहिए। यह काम अक्सर छुट्टी के दिन किया जाता है। दिन भर में 1.5-2 किलोग्राम सेब खा लिए जाएँ (हर दो घंटे बाद 1 या 2 सेब) या 1.5 किलोग्राम अलग-अलग तरह के फल तथा सब्जियाँ खा ली जाएँ अथवा 6-8 गिलास दूध या दही ले ली जाए। हम एक बार फिर इस बात को दोहराना चाहेंगे कि मोटापे से पीछा छुड़ाने के लिए नियमित रूप से व्यायाम करना, हल्के खेलों में भाग लेना तथा पैदल चलना अति आवश्यक है।

मोटापे से पीछा छुड़ाने में समय लगता है। ऊपर बताए उपाय धीरे-धीरे अपनाने चाहिएँ। जिस आदमी ने कम भोजन की बात कभी सोची ही न हो, उसकी खुराक एकदम सीमित नहीं की जा सकती। इसी प्रकार जो आदमी बैठे रहने का आदी बन चुका है उससे थोड़े से अर्से में भागदौड़ की आशा नहीं की जा सकती। खाने की मात्रा एकदम कम करने तथा दिनचर्या एकदम बदलने के बुरे परिणाम हो सकते हैं। इसका विशेष रूप से बुरा असर तंत्रिका-तंत्र पर हो सकता है (कमजोरी महसूस होने लगती है, अजीब सा लगता है, बहुत जल्दी गुस्सा आ जाता है)। आदतों से पीछा छुड़ाना कोई आसान बात नहीं है, उनका ख्याल रखना ही पड़ता है।

संक्षेप में कहा जा सकता है कि डाक्टर की निगरानी में नियमित रूप से ऊपर बताए गए उपाय धैर्यपूर्वक अपनाने से काफी शीघ्रता से आशाजनक परिणाम प्राप्त किए जा सकते हैं इसमें कोई शक नहीं कि इस उद्देश्य की प्राप्ति के लिए व्यक्ति के अंदर इच्छा, संकल्पशक्ति तथा दृढ़ता का होना अति आवश्यक है।

मनुष्य का वजन कितना होना चाहिए? एक जवान आदमी का कद अगर 160 सेंटीमीटर है तो उसका वजन 60 किलोग्राम से ऊपर नहीं जाना चाहिए, 170 सेंटीमीटर कद है तो 65 किलोग्राम से ज्यादा नहीं, 180 सेंटीमीटर कद होने पर 70 किलोग्राम से ज्यादा वजन ठीक नहीं है।

सोवियत चिकित्सा विज्ञान अकादमी के आहार संस्थान द्वारा एकत्रित आँकड़ों के अनुसार मध्यवय तथा बुजुर्ग लोगों में वजन और कद का अनुपात दूसरा होता है। 40-50 साल की उम्र में आदमी का वजन उसके कद के आखिरी

दो अंकों से 5-8 किलोग्राम अधिक होता है।

अगर आदमी का वजन अधिकतम सामान्य वजन से 25% ज्यादा है तो इसका मतलब यह है कि उसके अंदर चर्बी कम जमा हुई है अर्थात् वह हल्का-सा मोटा है, अगर 50% तक अधिक है तो मोटापा मध्य चरण तक पहुँच चुका है और अगर 50% से भी अधिक है तो इसका मतलब यह हुआ कि मोटापा खतरे की सीमा तक पहुँच गया है। मोटापे से बचने के लिए हर दूसरे-तीसरे महीने अपना वजन करते रहना चाहिए। परंतु अफसोस की बात तो यह है कि अधिकांश लोग कई-कई साल तक अपना वजन ही नहीं कराते जिसके कारण बाद में बिना तौले ही दिखाई देने लगता है कि उनका वजन सीमा पार कर गया है। मोटे आदमी को तो महीने में कम से कम एक बार जरूर अपना वजन तौलना चाहिए जिससे वह मोटापे के इलाज के परिणामों का फल देख सके।

कभी-कभी लोग मोटापा कम करने के लिए भोजन की मात्रा बहुत ही कम कर देते हैं जैसे 20-30 ग्राम प्रोटीन, 30-40 ग्राम वसा तथा 250-300 ग्राम कार्बोहाइड्रेट लेना शुरू कर देते हैं। इस प्रकार के भोजन से केवल 1400-2000 बृहत कैलोरी ऊर्जा प्राप्त होती है जो बहुत ही कम है।

लोगों की ऐसी धारणा है कि भोजन ज्यादा खाने की जगह कम खाना अधिक लाभदायक है। यह बात ठीक भी है। परंतु कुछ लोग चिकित्सा की पुस्तकें पढ़कर तथा डाक्टरों की सलाह गलत रूप से समझकर यह विश्वास करते हैं कि खाना रोज ही कम खाना चाहिए न कि कभी-कभी। जो लोग लंबे अर्से तक यह तरीका अपनाते हैं उनके अंदर प्रोटीन की कमी हो जाती है जिससे उनको प्रोटीन की 'भूख' लगी रहती है। यह एक भयंकर खतरे वाली बात है। ऐसे लोग कमजोर हो जाते हैं, उनकी शक्ति कम हो जाती है तथा वे जल्दी ही बूढ़े हो जाते हैं। भोजन में उपस्थित पोषक पदार्थों (प्रोटीन, वसा, कार्बोहाइड्रेट आदि) में सही अनुपात होने से तथा ठीक समय पर भोजन करने से मनुष्य जल्दी ही ठीक हो जाता है तथा उसकी कार्यक्षमता भी सामान्य हो जाती है।

भोजन का स्वाद तथा भोजन के स्थान का वातावरण उसके पाचन में अतिमहत्त्वपूर्ण भूमिका निभाते हैं। अगर आदमी को उसकी रुचि का खाना मिल जाए तथा भोजन के स्थान में शांति तथा सुहावना वातावरण बचा रहे तो उसकी भूख बढ़ जाती है, पाचक रसों का स्रवण बढ़ जाता है तथा खाने में मजा आता है। रूसी शरीर क्रिया विज्ञानी इवान पाव्लोव का कहना था कि खाने के वक्त आदमी को न तो कुछ सोचना चाहिए, न गंभीर बातें करनी चाहिएँ और न ही गंभीर पुस्तकें पढ़नी चाहिएँ।

खाना चूंकि दिन में 3 या 4 बार खाया जाता है इसलिए खाने के समय उत्पन्न मनोभाव (अच्छे या बुरे) तंत्रिका-तंत्र तथा हृदय की कार्यगति पर बहुत अधिक प्रभाव डालते हैं। अच्छे मनोभाव पैदा होने से खाना अच्छा लगता है (जैसे रेस्टरां स्वच्छ व सुंदर है तथा खाना खिलानेवाला व्यक्ति नम्रता तथा आदर से पेश आता है)। बुरे मनोभाव पैदा होने से केवल भूख ही नहीं मिट जाती बल्कि तंत्रिका-तंत्र, पाचन अंगों तथा हृदय व रुधिर-वाहिकाओं की कार्यगति पर भी बुरा असर पड़ता है (जैसे, खाने की जगह पर बहुत भीड़ होने से या खाना खिलाने में अभद्रता दिखाने से)।

हमेशा एक ही समय पर खाना लेना चाहिए। भोजन के समयों के बीच बहुत बड़ा इंटरवैल नहीं होना चाहिए। यह देखा गया है कि दिन में 3 या 4 बार भोजन करने से थकान भी कम होती है, खाना भी अच्छी तरह पच जाता है तथा कार्यक्षमता भी ज्यादा रहती है। रात का खाना सोने से 1.5 या 2 घंटे पहले लेना चाहिए। रात को ज्यादा खाना नहीं लेना चाहिए और न ही सोने के एकदम पहले भोजन करना चाहिए। ये बातें हानिकारक हैं विशेषतः बुजुर्ग लोगों के लिए। परंतु इसका मतलब यह नहीं है कि रात को भूखे ही सो जाना चाहिए। हमारा अभिप्राय यह है कि रात का खाना हल्का होना चाहिए : एक गिलास दूध या एक कटोरी दही, 2 रोटी तथा एक सेब।

बहुत से ऐसे लोग होते हैं जो चीनी का प्रयोग ठीक अनुपात में नहीं करते हैं या तो वे एक ही बार में बहुत सारी चीनी तथा मीठी चीजें खा लेते हैं या कई-कई घंटे तक मीठी चीज बिल्कुल भी नहीं खाते। इन लोगों के रुधिर में चीनी की मात्रा बड़ी तेजी से घटती-बढ़ती रहती है। जिस समय यह मात्रा काफी कम होती है बहुत कमजोरी महसूस होने लगती है, हृदय के आसपास तथा पेट में दर्द होने लगता है। कभी-कभी दर्द से पहले बहुत भूख लगती है। जिन लोगों को उक्त परेशानी हो जाती है उन्हें नियमित रूप से भोजन करना चाहिए तथा सुबह, दोपहर व रात के खाने के बीच बहुत बड़ा मध्यांतर नहीं करना चाहिए। उन्हें अपने साथ हमेशा थोड़ी-सी चीनी या गुड़ या मीठी गोलियाँ रखनी चाहिएँ तथा बहुत अधिक थकान या कमज़ोरी महसूस होने पर खा लेनी चाहिएँ।

शरीर को ज्यादा मजबूत कैसे करें?

कुछ लोगों का शरीर वातावरण के तापमान में अदल-बदल का आदी नहीं होता। इन लोगों को अक्सर ठंड लग जाती है। ठंड लगने का कारण उनकी रुधिर-वाहिकाओं की असामान्य प्रक्रिया है जिसके फलस्वरूप उनके नाक, कंठ तथा श्वासनली की

श्लेष्मल झिल्ली की जीवाणुओं के प्रति रोधक्षमता कम हो जाती है जिससे नजला हो जाता है।

ठंडे जल में स्नान की आदत डाल लेने से मनुष्य खांसी, जुकाम आदि से सुरक्षित रह सकता है। अगर गर्म पानी से नहाने की आदत पड़ गई है तो हर रोज पानी का ताप थोड़ा घटाते जाएँ और सामान्य ताप तक ले आएँ।

जिन लोगों का शरीर मजबूत है उन्हें न तो सर्दियों में कोई दिक्कत आएगी और न ही गर्मियों में, क्योंकि उनकी रुधिर-वाहिकाएँ तापमान में बड़े से बड़े अंतर की आदी हो जाती हैं और अपना कार्य ठीक प्रकार से करती रहती हैं।

व्यायाम तथा खेलकूद का महत्त्व

शरीर के सभी अंगों की कार्यगति, विशेषतः हृद्वाहिका-तंत्र की कार्यगति हमारी कार्यगति की अवस्थानुसार परिवर्तित होती रहती है, जैसे, आराम कर रहे हैं या काम, लेटे हुए हैं या बैठे, धीरे-धीरे चल रहे हैं या दौड़ रहे हैं आदि।

जिस समय मनुष्य पूर्णतया विश्राम कर रहा होता है (विशेषतः नींद के दौरान), उसके अंदर द्रव्य-विनिमय क्रिया कम हो जाती है तथा वर्धी तंत्रिका-तंत्र की कार्यगति में वेगस तंत्रिका का उद्दीपन प्रमुख स्थान ले लेता है; हृदय धीरे-धीरे धड़कता है (60 धड़कन प्रति मिनट), शरीर का तापमान सामान्य तापमान की निम्नतम सीमा पर पहुँच जाता है (36.2^0 से 36.5^0C तक)। जैसे ही मनुष्य क्षैतिज अवस्था से ऊर्ध्वाधर अवस्था में आता है, अनुकंपी तंत्रिका उद्दीपित हो जाता है जिसके कारण हृदय के संकुचनों की संख्या बढ़ जाती है (72 से 75 बार प्रति मिनट), द्रव्य विनिमय क्रिया तीव्र हो जाती है तथा शरीर का तापमान बढ़कर 37 C^0 के आसपास पहुँच जाता है।

चलते-फिरते समय, दौड़ते समय (विशेषतः खेलते समय) द्रव्य-विनिमय क्रिया काफी तेज हो जाती है, नब्ज़ के स्पंदनों की संख्या बढ़ जाती है तथा शरीर का तापमान 37.5^0 C या इससे भी अधिक हो जाता है। कठिन शारीरिक परिश्रम करते समय (विशेषतः दौड़ते समय) धमनी दाब बढ़ जाता है। जैसे ही शारीरिक परिश्रम करना बंद कर देते हैं इसके 2-3 मिनट बाद नब्ज़ के स्पंदनों की संख्या तथा धमनी दाब सामान्य अवस्था पर आ जाता है।

शारीरिक परिश्रम करते समय हृदय के संकुचनों की संख्या कितनी अधिक बढ़ती है, धमनी दाब कितना हो जाता है तथा कितनी जल्दी ये सब सामान्य अवस्था पर लौट आते हैं? ये सब बातें अभ्यास पर निर्भर करती हैं।

स्वास्थ्य के लिए कौन-सी चीज बेहतर है—ज्यादा आराम या ज्यादा काम?

इस प्रकार का सवाल पूछना ही गलत बात है क्योंकि शरीर को दोनों की ही एक समान जरूरत है। हमें आराम की जरूरत है और कुछ समय के लिए तो पूर्णतया विश्राम चाहिए (नींद के सम समय), परंतु इसके साथ-साथ हमें काम की भी उतनी ही जरूरत है, चलने-फिरने, सक्रिय रहने की भी उतनी ही आवश्यकता है। इसके बिना स्वस्थ रहना असंभव है।

मनुष्य को पूर्णतया तथा हर प्रकार से विकसित होने के लिए व्यायाम करना चाहिए तथा खेलों में भाग लेना चाहिए। व्यायाम हृद्वाहिका-तंत्र की कार्यगति पर बहुत अच्छा प्रभाव डालता है।

व्यायाम उन शारीरिक क्रियाओं पर आधारित होता है जो पेशियों तथा शरीर के अन्य अंगों को मजबूत बनाती हैं तथा उन्हें विकसित करती हैं। इन शारीरिक क्रियाओं का अभ्यास कुछ निश्चित नियमों के अनुसार किया जाता है जिसके परिणामस्वरूप मांसपेशियां विकसित हो जाती हैं। परंतु इस अभ्यास से केवल यही लाभ ही नहीं होता है। इसके अतिरिक्त मनुष्य के शरीर के विभिन्न अंगों तथा तंत्रों की कार्यगति में समन्वय भी बढ़ जाता है। व्यायाम कार्टेक्स की सक्रियता बढ़ा देता है। व्यायाम तथा खेल अच्छे मनोभाव उत्पन्न करते हैं। इनसे मनुष्य चुस्त तथा प्रसन्नचित रहता है। इवान पाव्लोव का कहना है कि शारीरिक परिश्रम करते समय जो आनंद प्राप्त होता है वह दिमागी काम के आनंद से कहीं अधिक होता है।

आज चिकित्सकों द्वारा इस बात का भली-भांति अध्ययन किया जा चुका है कि व्यायाम से मनुष्य के विभिन्न अंगों (विशेषतः हृद्वाहिका-तंत्र) की कार्यगति पर किस प्रकार का अनुकूल प्रभाव पड़ता है।

हम ऊपर बता ही चुके हैं कि चलते-फिरते समय तथा अत्यधिक शारीरिक परिश्रम करते समय हृदय की धड़कन तेज़ हो जाती है, धमनियों में रुधिर का दाब बढ़ जाता है तथा द्रव्य विनिमय क्रिया काफी तीव्र हो जाती है। ये सब बातें मस्तिष्क से पेशियों तथा अन्य अंगों तक आ रहे स्पंदों पर निर्भर करती हैं। इसके अतिरिक्त पेशियों तथा रुधिर के अंदर कुछ रसायनिक पदार्थ उत्पन्न हो जाते हैं जो केशिकाओं, महीनतम धमनियों तथा रुधिर-वाहिकाओं में तंत्रिकाओं के सिरों पर विशेष प्रभाव डालते हैं। तंत्रिक-स्पंद तथा रसायनिक पदार्थ अनुकंपी तंत्रिका को उद्दीपित कर देते हैं जिससे हृदय की धड़कन तेज हो जाती है। इसके अतिरिक्त वे हृदय की धमनियों की ओर प्रवाहित हो रहे रुधिर की मात्रा बढ़ाकर लगभग दुगुनी कर देते हैं। इससे हृदय की पेशियों का पोषण और भी अच्छी तरह से होने लगता है। इस समय शिराओं में रुधिर-धारा का प्रवाह तेज हो जाता

है जिसके कारण रुधिर हृदय की ओर सरलता से बहने लगता है। इन सब प्रक्रियाओं के फलस्वरूप द्रव्य विनिमय बहुत अच्छी तरह से घटने लगता है : ऊतक पोषक पदार्थों का पाचन बेहतर ढंग से करने लगते हैं तथा वे आक्सीजन भी अच्छी तरह ग्रहण करने लगते हैं। व्यायाम के दौरान रुधिर में ऑक्सीजन की मात्रा काफी बढ़ जाती है क्योंकि इस समय मनुष्य गहरी-गहरी सांस लेता है।

रुधिर-परिसंचरण के हृदय से सीधे संपर्क न रखने वाले तत्त्वों पर व्यायाम जो प्रभाव डालता है वह भी बहुत महत्त्वपूर्ण होता है। जब हम गहरी सांस लेते हैं हमारा वक्ष चौड़ा हो जाता है तथा डायाफ्राम फैलकर यकृत से रुधिर बाहर निकालने लगता है जिससे हृदय की ओर रुधिर के प्रवाह में आसानी पैदा हो जाती है। व्यायाम के दौरान पेशियाँ लयबद्ध संकुचन तथा अनुशिथिलन अवस्था में रहती हैं तथा शिराओं पर उनका दबाव घटता-बढ़ता रहता है जिसके फलस्वरूप हृदय की ओर शिराओं के रास्ते रुधिर-प्रवाह में सहायता मिलती है।

अगर व्यायाम की क्रियाओं का चुनाव ठीक हो तथा उनका अभ्यास भी ठीक ढंग से किया जाए तो शरीर कठिन से कठिन काम सरलता से कर सकता है। उदाहरण के लिए, अगर एक प्रशिक्षित धावक कोई कठिन कार्य करता है तो न तो वह थकता है, न उसकी सांस फूलती है, न ही उसका धमनी दाब बढ़ता है और न ही नब्ज का स्पंदन तेज होता है जबकि एक साधारण आदमी उसी काम से थककर चूर हो जाता है, उसकी सांस फूल जाती है और हृदय भी बहुत देर तक धक-धक करता रहता है।

व्यायाम करने वाले लोगों का हृदय हल्की गति से धड़कता है तथा उनका धमनी दाब भी कम होता है। अभ्यास से तंत्रिका-तंत्र, पेशियों तथा श्वसन-कार्य में समन्वय ठीक रखा जा सकता है। इस प्रकार हृद्‌वाहिका-तंत्र हृदय पर बिना जोर डाले सभी अंगों, ऊतकों तथा हृदय को पर्याप्त मात्रा में रुधिर प्रदान करने के योग्य हो जाता है। इन सब बातों के कारण हृदय की पेशियों को अधिक देर तक विश्राम करने का अवसर मिल जाता है। व्यायाम से दृढ़ हुए शरीर की यह एक अपनी ही विशेषता है।

इस बात को न भूलें कि व्यायाम तभी लाभदायक होता है जब उसका प्रयोग ठीक प्रकार से किया जाता है। यह बात निम्न उदाहरण से समझाई जा सकती है। पेशीय कार्य करते समय अगर हम उपयुक्त शक्ति का प्रयोग करते हैं तो ऐसे पदार्थ उत्पन्न हो जाते हैं जो परिधीय रुधिर-वाहिकाओं को फैला देते हैं जिससे रुधिर-परिसंचरण सुगम हो जाता है। परंतु अगर हद से ज्यादा शक्ति वाला पेशीय कार्य किया जाए तो परिधीय रुधिर-वाहिकाएँ सिकुड़ जाती हैं जिसके

कारण हृदय की कार्यगति में कठिनाई पैदा हो जाती है।

हर आदमी को नियमित रूप से व्यायाम करना चाहिए तथा दिमागी काम करने वाले व्यक्ति के लिए तो व्यायाम और भी ज्यादा जरूरी है।

सुबह जिस समय हम सोकर उठते हैं, हम क्षैतिज अवस्था से ऊर्ध्वाधर अवस्था में आते हैं, पूर्णतया विश्राम अवस्था से सक्रिय अवस्था में आते हैं, उस समय स्फूर्त्ति लाने के लिए व्यायाम आवश्यक होता है।

व्यायाम करते समय यह बात बहुत महत्त्व रखती है कि सांस ठीक तरह से ली जा रही है या नहीं। ठीक तरह से सांस लेने के लिए अलग से श्वसन व्यायाम-क्रियाएँ होती हैं जिनके करने से सारे ऊतकों को ऑक्सीजन भरपूर मात्रा में मिल जाती हैं। व्यायाम के समय सांस केवल नाक द्वारा लेनी चाहिए क्योंकि केवल इसी तरीके से सांस गहरी तथा संतुलित हो सकती है। व्यायाम की हर क्रिया के बाद थोड़ी-सी देर के लिए श्वसन व्यायाम कर लेने से बहुत लाभ होता है। श्वसन व्यायाम दो प्रकार का होता है—निष्क्रिय—जब अन्तःश्वसन तथा उच्छ्वसन के समय हाथ कूल्हों पर रहते हैं तथा सक्रिय—जब अन्तःश्वसन के समय हाथों को या तो फैला देते हैं या सिर के ऊपर उठा लेते हैं तथा उच्छ्वसन के समय उन्हें या तो मिला देते हैं या नीचे ले आते हैं। धड़ को झुकाकर या बैठ कर उच्छ्वसन तथा धड़ को सीधा करके तथा खड़े होकर अन्तःश्वसन लेना चाहिए।

व्यायाम की सभी क्रियाओं के दौरान सांसें गहरी होनी चाहिएँ तथा किसी भी प्रकार की दिक्कत महसूस नहीं होनी चाहिए। मैदान में चलते समय या पहाड़ पर चढ़ते समय भी ऐसा ही होना चाहिए।

हृद्वाहिका-तंत्र तथा सारे शरीर को मजबूत बनाने में विभिन्न प्रकार के खेल काफी लाभदायक सिद्ध होते हैं जैसे, वॉलीबाल, क्रिकेट, नाव चलाना आदि। जहाँ तक तैरने की बात है (नदी, झील, समुद्र या स्विमिंग पूल में) तो हम यही कहेंगे कि तैरना स्वास्थ्य के लिए बहुत ही लाभदायक है। तैरने का सबसे ज्यादा फायदा यह है कि ठंडा पानी पहले तो रुधिर-वाहिकाओं को सिकोड़ देता है और फिर फैला देता है; इस प्रकार रुधिर-वाहिकाओं की भी एक कसरत सी हो जाती है। इसके अतिरिक्त जिस समय हम तैर रहे होते हैं हम कुछ शारीरिक क्रियाएँ लयबद्ध करते हैं जो हृद्वाहिका-तंत्र तथा संपूर्ण शरीर पर अनुकूल प्रभाव डालती हैं।

व्यायाम तथा खेलकूद के दौरान विभिन्न प्रकार के बहुत सारे प्रतिवर्त्त उत्पन्न होते हैं, विशेषतौर पर जब व्यायाम खुली हवा तथा सुंदर वातावरण में किया जाता है, जिनके फलस्वरूप व्यायाम व्यायामी की प्रकृति बन जाता है।

माँ-बाप को चाहिए कि वे शिशुओं तथा स्कूली बच्चों को व्यायाम करने

से न रोकें चाहे बच्चा कितना ही कमजोर क्यों न हो या रक्तक्षीण (anaemic) हो या बहुत ही जल्दी थक जाता हो। इन बच्चों के लिए तो व्यायाम बहुत ही ज़रूरी है क्योंकि इससे उनका हृद्वाहिका-तंत्र विकसित तथा मजबूत हो जाता है।

सुप्रसिद्ध सोवियत धावक स्वर्गीय ज्नामेन्स्की के निम्न शब्द उक्त तथ्य की पुष्टि करते हैं : "मैंने अपने गांववालों से बदला ले लिया है जो बचपन में 'मरियल' कहकर मेरा मज़ाक उड़ाते थे।" नियमित अभ्यास से ज्नामेन्स्की ने विश्व चैम्पियन की उपाधि प्राप्त कर ली। यहाँ इस बात का उल्लेख आवश्यक है कि जिस समय वे सोवियत संघ के चैम्पियन बन चुके थे, विश्राम अवस्था में उनका हृदय हर मिनट 40 बार धड़कता था तथा उनका धमनी दाब अपेक्षाकृत निम्न था।

व्यायाम का अभ्यास बचपन से ही डालना चाहिए तथा बुढ़ापे तक व्यायाम करते रहना चाहिए। जो आदमी सारी जिंदगी नियमित रूप से व्यायाम करता आ रहा है उसकी आयु बड़ी होती है तथा उसकी कार्यक्षमता भी बुढ़ापे तक कायम रहती है।

उस आदमी को हम पूर्णतया स्वस्थ नहीं कह सकते जो विभिन्न परिस्थितियों में रहने व काम करने का तो आदी है पर जरा-सी दूर दौड़ने पर हांप जाता है। खेलकूद मनुष्य के शरीर को मजबूत बनाते हैं, केंद्रीय तंत्रिका-तंत्र द्वारा नियंत्रित प्रक्रियाओं को विकसित करते हैं तथा खिलाड़ी के अंदर अनुशासनता, साहस, धैर्य, संकल्प आदि बहुमूल्य गुण पैदा करते हैं।

हम ऊपर बता ही चुके हैं कि अगर व्यायाम तथा खेलकूद के अभ्यास में लम्बे इंटरवैल न हों तो ज्यादा उम्र हो जाने पर भी व्यायाम करते रहने में कोई हानि नहीं है। 50 साल की उम्र के बाद भी क्रिकेट खेली जा सकती है, पदयात्रा की जा सकती है तथा करनी भी चाहिए। इस बात का बस ध्यान रखना है कि अभ्यास बना रहे, मोटापे से बचे रहें तथा स्वास्थ्य व फुर्तीलापन कायम रहे।

आजकल बहुत सारी बीमारियों के इलाज में उपचार-व्यायाम का प्रयोग काफी प्रचलित है। यह हृद्वाहिका-तंत्र के कई सारे रोगों के इलाज में भी फायदा करता है। इस बात का जरूर ध्यान रखें कि उपचार-व्यायाम का प्रयोग तभी किया जाए जब डाक्टर उसकी सलाह दे।

काम और आराम

शारीरिक परिश्रम या दिमागी काम करने से जो थकान पैदा होती है उसका मतलब केवल यही नहीं होता है कि तंत्रिका-तंत्र तथा पेशियाँ काम की वजह से थक गई हैं। किसी भी काम को करते समय जो मनोभाव उत्पन्न होते हैं थकान को

जल्दी या देर से महसूस करना मुख्यतः उन्हीं पर निर्भर करता है। कोई भी काम अगर बिना उत्साह व बिना चाव के किया जाए तो बहुत ही जल्दी थकान महसूस होने लगती है। इसके विपरीत अगर काम मनपसंद हो तथा उसे दिल लगाकर किया जाए तो बहुत ही कम थकान महसूस होती है।

यह बात सब लोग जानते हैं कि संगीत से, गाने से, जोशीले भाषण से थकान मिट जाती है। महान देशभक्तिपूर्ण युद्ध (1941-1945) के दौरान ऐसे बहुत सारे उदाहरण देखने को मिले जब देशभक्ति की उमंग से अधिकांश सोवियत लोगों ने शौर्य व असीम वीरता दिखाई। उसने सीमा पर सैनिकों व पृष्ठ-भूमि में श्रमिकों के अंदर हार्दिक आत्मबल भर दिया था।

अच्छे व बुरे, अनुकूल तथा प्रतिकूल, दोनों प्रकार के मनोभाव हृद्वाहिका-तंत्र की कार्यगति पर काफी महत्त्वपूर्ण प्रभाव डालते हैं। अच्छे मनोभाव उत्पन्न होने पर कार्टेक्स में उद्दीपक तथा निरोधक क्रियाओं में थोड़ी-सी तीव्रता आने के साथ-साथ अनुकंपी तंत्रिका का उद्दीपन भी बढ़ जाता है तथा रुधिर में ऐड्रिनेलीन का स्रवण बढ़ जाता है जिसके परिणामस्वरूप मस्तिष्क तथा पेशियों को रुधिर बहुत बेहतरी से मिलने लगता है, हृदवाहिकाएँ फैल जाती हैं, हृदय की ओर बहने वाले रुधिर की मात्रा बढ़ जाती है तथा हृदय की पेशी के अंदर द्रव्य-विनिमय क्रिया तीव्र गति से होने लगती है। ये सब बातें मिलकर हृद्वाहिका-तंत्र पर तो अनुकूल प्रभाव डालती हैं परंतु इसके साथ-साथ वे सारे शरीर की कार्यगति पर भी अच्छा प्रभाव डालती हैं, ये मनुष्य को फुर्तीला तथा प्रसन्नचित कर देती हैं। बुरे मनोभाव इसके बिल्कुल विपरीत परिणाम देते हैं : कार्टेक्स के अंदर उद्दीपन तथा विरोधक क्रियाओं के बीच समन्वय टूट जाता है, वेगस तंत्रिका अधिक उद्दीपित हो जाती है जिसके फलस्वरूप हृद्वाहिकाएँ सिकुड़ जाती हैं तथा रुधिर परिसंचरण में कठिनाई पैदा हो जाती है। इन सब बातों के कारण मनुष्य का स्वभाव चिड़चिड़ा हो जाता है तथा उसे चिंता लग जाती है।

इस प्रकार हम इस निष्कर्ष पर पहुँचते हैं कि मनुष्य का स्वास्थ्य तथा हृद्वाहिका-तंत्र के विभिन्न रोगों से उसकी सुरक्षा इस बात पर बहुत ज्यादा निर्भर करती है कि अपने काम के प्रति उसका कैसा रवैया है।

काम को प्रायः दो किस्मों में बाँटा जाता है—शारीरिक तथा दिमागी। परंतु सोवियत संघ में अब इस सिद्धांत का पालन नहीं किया जाता है—एक तरफ तो उद्योगों तथा खेतीबाड़ी में बढ़ते यंत्रीकरण के कारण हृद्वाहिका-तंत्र पर कम जोर पड़ने लगा है परंतु दूसरी तरफ मशीनरी की जटिलता उच्च शिक्षा तथा ज्यादा दिमागी काम मांगती है। इसी कारण अब देश में ऐसे पेशे नहीं रहे हैं जिनमें

केवल शारीरिक परिश्रम की आवश्यकता होती है। हाँ, ऐसे कुछ पेशे जरूर हैं जिनमें शारीरिक परिश्रम की बिल्कुल भी जरूरत नहीं पड़ती। इन पेशों के लोग अगर हमेशा बैठे ही रहते हैं तथा व्यायाम नहीं करते हैं और अगर करते भी हैं तो बहुत कम और खाते खूब हैं, तो वे मोटापे का शिकार बन जाते हैं तथा ऐथिरोस्क्लेरोसिस से पीड़ित हो जाते हैं। इसीलिए इन पेशों के लोगों को नियमित रूप से व्यायाम करना चाहिए, खेलों में भाग लेना चाहिए तथा जरूरत से ज्यादा भोजन नहीं खाना चाहिए।

खेतीबाड़ी का यह अच्छा पहलू है कि मनुष्य बहुत देर तक ताजी हवा में रहता है जिससे उसके रुधिर को आक्सीजन भरपूर मात्रा में मिलती रहती है। इसके फलस्वरूप उसका केंद्रीय तंत्रिका-तंत्र शांत अवस्था में रहता है तथा हृद्‌वाहिका-तंत्र के कार्य के लिए अनुकूल परिस्थितियाँ बन जाती हैं, विशेषतः जब मनुष्य बहुत अधिक परिश्रम कर रहा होता है। इसके अतिरिक्त धूप तथा ठंडी हवा सहने की आदत भी स्वास्थ्य के लिए लाभदायक होती है।

सोवियत संघ में मिलों, कारखानों में काम की परिस्थितियाँ सुधारने के लिए विभिन्न उपाय अपनाए जाते हैं : इस बात का खास ध्यान रखा जाता है कि औद्योगिक स्थलों के अंदर ताजी हवा आती रहे, आवश्यक तापमान तथा आर्द्रता रहे तथा पर्याप्त प्रकाश उपलब्ध रहे।

अच्छी परिस्थितियों में काम करने से स्वास्थ्य पर अनुकूल प्रभाव पड़ता है। यही कारण है कि हृद्‌वाहिका-तंत्र के कुछ रोगों के इलाज के लिए रोजगार-उपचार का प्रयोग किया जाता है।

हृदय तथा रुधिर-वाहिकाओं के विभिन्न रोगों से पीड़ित रोगी का इलाज करते समय यह बात बहुत महत्त्व रखती है कि रोगी को कौन सा पेशा अपनाना चाहिए। इसके लिए रोगी का अच्छी तरह से परीक्षण करके उसकी कार्यक्षमता जाननी आवश्यक है।

इस बात की जानकारी भी आवश्यक है कि अब तक रोगी का पेशा क्या रहा है, किन परिस्थितियों में वह काम करता रहा है तथा मानसिक व शारीरिक परिश्रम का उस पर क्या प्रभाव पड़ता है। इन सब बातों की जानकारी हो जाने के बाद ही काम सरल करने के विभिन्न उपाय सुझाए जा सकते हैं : एक रोगी को तो रात की शिफ्ट से दिन की शिफ्ट में काम करने को कहना होगा, दूसरे को भट्ठी या रेफ्रिजिरेटर से दूर रहने के लिए कहना होगा तथा तीसरे को खड़े होने की जगह बैठकर काम करने की सलाह देनी होगी। पेशे का चुनाव करते समय मनुष्य के अनुभवों, उसकी रुचि तथा आदतों व दूसरों के प्रति उसके व्यवहार

का ध्यान रखना आवश्यक है।

ज्यादातर अधेड़ उम्र के लोग हृदय तथा हृद्वाहिका-तंत्र के रोगों के शिकार होते हैं इसलिए उन्हें उनकी शक्ति तथा रुचि के अनुसार काम देना चाहिए।

मनुष्य का स्वास्थ्य तथा कार्यक्षमता इस बात पर भी निर्भर करती है कि वह ठीक समय पर अच्छी तरह से आराम करता है या नहीं। जो आदमी घर पर बैठकर काम करता है उसे कुछ घंटों के बाद 10-15 मिनट विश्राम करना चाहिए। दिमागी काम करने वाले लोगों को तो इस इन्टरवैल के दौरान कुछ व्यायाम भी करना चाहिए। औद्योगिक संस्थानों तथा दफ़्तरों में काम करने वालों को भी ऐसे व्यायामों का उचित लाभ उठाना चाहिए।

स्वास्थ्य कायम रखने के लिए निद्रा परम आवश्यक है। निद्रा के कारण मस्तिष्क के अंदर तंत्रिक कोशिकाएँ नष्ट होने से बची रहती हैं। रोजाना एक ही समय पर सोना चाहिए। सोने से तुरंत पहले भोजन नहीं करना चाहिए। रात को देर से भोजन करने से, खासतौर पर पेट भर के खाने से, नींद अच्छी नहीं आती है तथा बुरे सपने दिखाई देते हैं। सोने से पहले अगर ताजी हवा में कुछ देर सैर कर लें तो नींद अच्छी आएगी। जो लोग रात की शिफ्ट में काम करते हैं उन्हें दिन के वक्त अच्छी नींद लेनी चाहिए।

छुट्टी वाले दिन स्वास्थ्यपूर्ण कार्य करने चाहिएँ। इस दिन ज्यादा से ज्यादा वक्त ताजी हवा में बिताना चाहिए। शहर के लोगों को यह दिन शहर से बाहर बिताना चाहिए। बहुत सारे लोग जानते हैं कि शहर से बाहर नदी में तैरने से, नाव में सैर करने से, झील के किनारे आराम करने से कितनी शांति मिलती है।

मनोरंजन के साधनों का चुनाव व्यक्ति की रुचि तथा स्वभाव के आधार पर किया जाता है : एक आदमी अगर थियेटर या सिनेमा जाता है तो दूसरा आजायबघर या प्रदर्शनी देखने जाता है और तीसरा नाटक या संगीत कार्यक्रम में भाग लेना पसंद करता है। काम की अदला-बदली, विशेषतः दिमागी काम की जगह शारीरिक काम मनुष्य के लिए बहुत उपयोगी सिद्ध होता है। मनपसंद काम तथा अच्छे आराम से जो मनोभाव उत्पन्न होते हैं वे भी मनुष्य पर अनुकूल प्रभाव डालते हैं।

पर्यटन तथा पर्वतारोहण से मनुष्य चुस्त तथा स्वस्थ रहता है और जल्दी बूढ़ा भी नहीं होता है। जिन लोगों को पैदल चलने की, घूमने की आदत है वे प्रकृति का अधिक लाभ उठाते हैं। शरीर को मजबूत बनाने का अभ्यास हर रोज नियमित रूप से करना चाहिए। ऐसे बहुत-से लोग हैं जो बुढ़ापे में भी पर्यटन तथा यात्रा के बिना मनोरंजन व विश्राम अधूरा समझते हैं। शारीरिक तथा मानसिक

स्वास्थ्य के लिए इससे अच्छी और क्या चीज हो सकती है? हम तो यही चाहेंगे कि अधिक से अधिक लोगों को पर्यटन तथा यात्रा का शौक होना चाहिए।

यही बात खेलों के बारे में कही जा सकती है। खेल, जैसे वॉलीबाल, टेनिस, तैरना आदि हर उम्र के आदमी के लिए उपयोगी हैं। आदमी की आयु चाहे कितनी ही हो, अगर उसे अपने स्वास्थ्य की चिंता है, वह चुस्त रहना चाहता है तथा कार्यक्षमता अच्छी रखना चाहता है तो उसे नियमित रूप से खेलों में भाग लेना चाहिए। खेल उसकी दिनचर्या का एक आवश्यक अंग बन जाना चाहिए।

न्यूरोसिस की रोकथाम

(Prevention of Neuroses)

सब जानते हैं कि हृद्वाहिका-तंत्र कितनी जल्दी विभिन्न मानसिक अवस्थाओं से प्रभावित हो जाता है। डाक्टरों द्वारा स्वस्थ तथा रोगी व्यक्तियों पर किए गए विभिन्न परीक्षण यह बात सत्य सिद्ध करते हैं। उच्च तंत्रिकीय क्रिया में किसी भी प्रकार की गड़बड़ी आने से हृद्वाहिका-तंत्र विभिन्न रोगों का शिकार बन जाता है। इनमें से कुछ रोग अपने प्रथम चरण में न्यूरोसिस के रूप में होते हैं इसलिए उनसे बचने के लिए न्यूरोसिस की रोकथाम अति आवश्यक है।

इवान पाव्लोव ने सोपाधिक प्रतिवर्त्तों के निर्माण संबंधी असंख्य प्रयोगों के दौरान इस बात पर ध्यान दिया कि एक उद्दीपक विभिन्न कुत्तों पर अलग-अलग प्रकार की प्रतिक्रिया करता है। अपने प्रयोगों से वैज्ञानिक ने यह निष्कर्ष निकाला कि उच्च तंत्रिकीय क्रिया कई किस्मों की होती है। जिस प्रकार का कुत्ते का तंत्रिका-तंत्र होगा, वैसी ही उद्दीपक की उस पर प्रतिक्रिया होगी।

पाव्लोव ने उच्च तंत्रिकीय क्रिया की निम्न विशेषताओं के आधार पर कुत्तों का वर्गीकरण किया : उद्दीपन तथा संदमन प्रक्रिया की शक्ति, इन प्रक्रियाओं का संतुलन तथा गति (अर्थात्, वह तीव्रता, जिससे एक प्रक्रिया दूसरी में बदल जाती है)।

पाव्लोव ने उच्च तंत्रिकीय क्रिया की निम्न विशेषताओं के आधार पर कुत्तों का वर्गीकरण किया : उद्दीपन तथा संदम प्रक्रिया की शक्ति, इन प्रक्रियाओं का संतुलन तथा गति (अर्थात्, वह तीव्रता, जिससे एक प्रक्रियाओं दूसरी में बदल जाती है)।

तंत्रिका-तंत्र दो विपरीत किस्मों का होता है—एक ओर तो वह शक्तिशाली तथा उद्दीपित प्रकृति का होता है तथा दूसरी ओर कमजोर और संदमित प्रकृति का।

बीच वाला तंत्रिका-तंत्र संतुलित तथा फुर्तीला और संतुलित तथा शांत होता है।

जब हम शक्तिशाली किस्म की बात करते हैं तो हमारा अभिप्राय इस बात से है कि मस्तिष्क की कोशिकाओं तथा उच्च तंत्रिकीय क्रिया में ही हानि के बिना काफी देर तक शक्तिशाली उद्दीपन सहने की क्षमता होती है। कमजोर किस्म के तंत्रिका तंत्र के कारण कार्टेक्स की कोशिकाएँ बहुत जल्दी थक जाती हैं। उच्च तंत्रिकीय क्रिया की संतुलित किस्म वह कहलाती है जिसमें उद्दीपन तथा संदमन के बीच संबंध ठीक रहता है। इस किस्म को दो छोटी किस्मों में बांटा जा सकता है : फुर्तीला तथा शांत।

उच्च तंत्रिकीय क्रिया की किस्म एक प्रकार से तंत्रिका-तंत्र की जन्मजात विशेषता होती है जो बाद में जाकर जानवर या मनुष्य के जीवन की परिस्थितियों तथा उसकी शिक्षा-दीक्षा के अनुसार निश्चित रूप ले लेती है।

जानवरों तथा आदमियों का स्वभाव (मिजाज) न्यूरोसिस के विकास तथा इलाज में बहुत महत्त्वपूर्ण भूमिका निभाता है। पाव्लोव विभिन्न प्रकार के स्वभाव वाले लोगों की व्याख्या इस प्रकार करते हैं : ''मैलेन्कोलिक (melancholic)– इस स्वभाव का मतलब यह है कि तंत्रिका-तंत्र संदमन किस्म का होता है। ऐसे स्वभाव वाला व्यक्ति किसी भी प्रकार की आशा नहीं रखता, किसी भी बात में विश्वास नहीं करता तथा हर बात में उसे कोई न कोई खराबी, खतरा दिखाई देता है।'' ''कोलेरिक (choleric)–इस स्वभाव वाला व्यक्ति बहुत जल्दी व आसानी से उद्दीपित हो जाता है, और क्रोध में आ जाता है।'' अगले दो स्वभावों को पाव्लोव स्वस्थ, स्थायी तथा जानदार बताते हैं : ''फ्लैगमेटिक (phlagmatic)– इस स्वभाव का व्यक्ति शांत, संतुलित, दृढ़ स्वभाव का तथा परिश्रमी होता है। सैन्वीन (sanguine)–इस मिजाज का आदमी उद्यमी होता है और परिणाम भी अच्छे देता है परंतु तभी, जब उसके पास काम बहुत सारा होता है तथा होता भी उसकी रुचि का है। काम न होने पर वह आलसी बन जाता है।...''

मनुष्य का स्वभाव इस बात पर बहुत ज्यादा निर्भर करता है कि वह किस सामाजिक परिवेश में रहता है और बचपन से किन परिस्थितियों में उसकी शिक्षा-दीक्षा हुई है।

जो आदमी हमेशा काम में व्यस्त रहता है, कठिन से कठिन समस्या का हल ढूंढ़ता है, बचपन से ही उत्साही तथा चुस्त रहा है (स्कूल में, खेल के मैदान में, घर में) उसका तंत्रिका तंत्र मजबूत हो जाता है तथा उसका मस्तिष्क हमेशा ठीक कार्य करता रहता है। वह बिना किसी विशेष कठिनाई के नयी जिंदगी शुरू कर सकता है और जीवन में आयी मुसीबतों का खुद अकेला सामना कर सकता है।

इसके विपरीत कमजोर तंत्रिका तंत्र वाला मनुष्य, जिसे जिंदगी का कोई तजरबा नहीं होता, मुश्किलों से घबरा जाता है और जल्दी ही न्यूरोसिस का रोगी बन जाता है।

पिछले अध्याय में हम बता चुके हैं कि हमारी उच्च तंत्रिका क्रिया (मस्तिष्क) हर काम में भाग लेती है, चाहे हम भोजन कर रहे हों, चाहे शरीर को मजबूत बनाने का काम कर रहे हों या व्यायाम कर रहे हों या खेलों में भाग ले रहे हों या व्यवसाय में लगे हों। ये सब कार्य उच्च तंत्रिका क्रिया को प्रभावित कर मस्तिष्क के अंदर उद्दीपन तथा संदमन का पारस्परिक संबंध ठीक बनाए रखते हैं। स्वास्थ्य तथा न्यूरोसिस की रोकथाम के लिए इस संबंध का ठीक रहना परम आवश्यक है। तंत्रिका तंत्र को अतितनाव तथा सीमा से अधिक उद्दीपन से सुरक्षित रखने के लिए कुछ और शर्तों का पालन भी आवश्यक होता है।

अत्यधिक तनाव तथा उद्दीपन के बहुत सारे कारण होते हैं तथा विभिन्न लोगों में वे अलग-अलग प्रकार के हो सकते हैं। कभी इनका इलाज एक आदमी के हाथ में होता है, कभी बहुत सारे आदमियों के, परिवार या आफिस के लोगों के हाथ में। कभी-कभी तो सरकारी संस्थानों के हस्तक्षेप की भी जरूरत पड़ जाती है।

परिवार के सदस्यों के आपसी संबंध, आफिस के साथियों के आपसी संबंध बहुत अधिक महत्त्व रखते हैं। न्यूरोसिस तथा हृद्वाहिका-तंत्र के रोगों के उपचार में ये बातें इतना अधिक महत्त्व रखती हैं कि इन पर जितना भी ध्यान दिया जाए, वह थोड़ा है। हम केवल यही कह सकते हैं कि स्कूल, परिवार, यूनिवर्सिटी के दोस्त, आफिस के साथी, साहित्य आदि, मनुष्य के व्यक्तित्व के निर्माण तथा उसके तंत्रिका तंत्र की दृढ़ता पर बहुत गहरा प्रभाव डालते हैं। हमारा मतलब यह है कि ये सब चीजें न्यूरोसिस तथा हृद्वाहिका-तंत्र के रोगों के उपचार में अतिमहत्त्वपूर्ण भूमिका निभाती हैं।

मन पर चोट पहुँचाने वाले कुछ 'शिष्ट' कारण भी कम महत्त्व नहीं रखते हैं, उदाहरण के लिए, पति या पत्नी के कर्त्तव्यों की परवाह न करना, बच्चों की ठीक तरह से देखभाल न करना आदि। ये सब बातें माता-पिता के साथ-साथ बच्चों पर भी बुरा प्रभाव डालती हैं। अगर घर के लोगों, आफिस के साथियों, पड़ोसियों के आपस में संबंध ठीक नहीं होते तो छोटे-छोटे झगड़े भी बहुत गहरी चोट पहुँचाते हैं।

सामाजिक गतिविधियाँ भी मनुष्य की शिक्षा में महत्त्वपूर्ण स्थान रखती हैं। इनसे दो लाभ होते हैं—पहला तो यह कि मनुष्य के अंदर ज्यादा सभ्यता आ जाती है और दूसरा यह कि उसे अपने व्यक्तित्व पर जरूरत से ज्यादा ध्यान देने

का समय ही नहीं मिल पाता और वह अहंकार से बचा रहता है।

अब हम एक और चीज पर ध्यान दिलाना चाहेंगे जिसका भी उच्च तंत्रिकीय क्रिया, मन तथा उसके रास्ते हृदय तथा हृद्वाहिका-तंत्र पर बहुत गहरा प्रभाव पड़ता है। हमारा अभिप्राय बोलने तथा पढ़ने से है।

बोलने तथा पढ़ने से दोनों प्रकार के मनोभाव उत्पन्न हो सकते हैं—अच्छे भी और बुरे भी। उदाहरणतया, हमारे क्लीनिक में जिन रोगियों के अंदर अच्छे मनोभाव उत्पन्न किए गए (उनको यह आशा दिलाई गई कि वे शीघ्र ही स्वस्थ हो जाएँगे), उनके रुधिर में परिवर्तन पाया गया (कैल्सियम की मात्रा बढ़ गई) तथा उनका ताप नियंत्रण-तंत्र अच्छी तरह से काम करने लगा। इन तथ्यों को बड़ी सरलता से समझाया जा सकता है अगर हमें यह बात याद आ जाए कि हृदय की सभी कार्यगतियाँ असंख्य सोपाधिक प्रतिवर्त्तों के साथ संबंधित रहती हैं। यही कारण है कि वे सदा कार्टेक्स का ''कहना मानती हैं''। अगर जानवरों पर प्रयोगों के दौरान कार्टेक्स के अंदर उद्दीपन तथा संदमन को मिलाने की क्रिया उत्पन्न की जाए तो हृदय धड़कन के विभिन्न बिगड़े रूप देखे जा सकते हैं।

मास्को के सुप्रसिद्ध डाक्टर ग्रि. जाखारीन (1830-1986) अपने मरीज का इलाज करते समय उसकी मानसिक अवस्था पर बहुत ध्यान देते थे। उनका कहना था कि ''इलाज के दौरान मरीज की हिम्मत बढ़ानी चाहिए, उसका ध्यान उन अच्छाइयों की ओर दिलाना चाहिए जिनका महत्त्व वह नहीं जानता, मरीज को जल्दी ठीक हो जाने का विश्वास दिलाना चाहिए। कभी-कभी इस तरीके से मरीज को तुरंत नींद आ जाती है''। डाक्टर जाखारीन इस बात पर बहुत जोर देते थे कि ''मरीज की उदासी को प्रसन्नता में बदल देने से उसकी तबीयत सुधर जाती है''।

मरीज के साथ बातचीत करते समय अगर उसके अंदर बुरे मनोभाव उत्पन्न कर दिए जाएँ तो उस पर बहुत बुरा असर पड़ता है। डाक्टरी किताबें खुद पढ़ने से भी कभी-कभी काफी नुकसान होता है। ऐसा भी देखा गया है कि संवेदनशील लोग डाक्टरी परीक्षण के दौरान चिकित्सीय शब्दावली से परिचित न होने के कारण मानसिक सदमा खा जाते हैं। उदाहरण के लिए, एक्सरे-रूम में डाक्टर अगर मरीज की उपस्थिति में यह कह दे कि उसका हृदय थोड़ा बड़ा हो गया है। या ''लेटी अवस्था में है'' या ''लटक रहा है'' आदि, तो मरीज हृदय की ओर बहुत ज्यादा ध्यान देने लगेगा, उसके मन में डर तथा घबराहट पैदा हो सकती है और वह न्यूरोसिस का रोगी बन सकता है। हालांकि ये सब बातें किसी भी रोग का सूचक नहीं हैं, मरीज का हृदय वास्तव में पूर्णतया स्वस्थ है। इस संदर्भ में यह कहा जा सकता है कि चिकित्सीय बातों की आम जानकारी तथा लोकप्रियता काफी

लाभदायक सिद्ध हो सकती है क्योंकि इससे लोगों को विभिन्न प्रश्नों व परिघटनाओं की जानकारी हो जाएगी तथा उनके अंदर बैठा डर भी दूर हो जाएगा।

हमने यहाँ न्यूरोसिस के कुछ कारणों का वर्णन किया है जिनके फलस्वरूप हृद्वाहिका-तंत्र की कार्यगति बिगड़ जाती है। हमें यह दोहराने की आवश्यकता नहीं है कि न्यूरोसिस की रोकथाम के लिए इस अध्याय के आरंभ में दिए अन्य सुझावों का पालन परम आवश्यक है : उचित आहार, शरीर को मजबूत बनाने का अभ्यास, व्यायाम तथा खेलकूद, नियमानुसार काम तथा आराम आदि।

शराब और सिगरेट से तोबा

शराब का नशा आदमी की मौत का कारण बन सकता है। इसे निपात (collapse) कहते हैं। इस रोग का कारण यह है कि जब आदमी हद से ज्यादा शराब पी लेता है उसके वाहिकाप्रेरक तंत्रिका-केंद्र की टोन मंद हो जाती है तथा उसकी हृदय-पेशी बहुत कमजोर हो जाती है। ऐसे लोगों की मौत अक्सर श्वसन केंद्र के लकवे से होती है। बच्चों के लिए शराब बहुत ही ज्यादा हानिकारक है। 10 साल से छोटे बच्चे के लिए 100 ग्राम व्हिसकी या वोद्‌का मौत का कारण बन सकती है। जिन लोगों ने जिंदगी में पहले कभी शराब नहीं पी, वे अगर 200 ग़्राम शराब पी लें तो उनकी जान खतरे में पड़ सकती है।

सबसे ज्यादा खतरा तब होता है जब शराब खाली पेट पी जाती है। इस दशा में जहर का असर बहुत जल्दी हो जाता है क्योंकि पेट के अंदर पहुँचते ही शराब रुधिर में मिल जाती है।

नियमित रूप से शराब पीने से चिरकालीन नशा (chronic intoxication) हो जाता है जिसका सारे शरीर पर बुरा प्रभाव पड़ता है। इसके कारण तंत्रिका तथा हृद्वाहिका-तंत्र की कार्यगति बिगड़ जाती है, द्रव्य-विनिमय ठीक तरह से नहीं होता है, बुरे प्रभावों का सामना करने की क्षमता कम हो जाती है तथा कार्यक्षमता या तो बहुत ही कम हो जाती है या बिल्कुल ही खत्म हो जाती है।

शराब की मात्रा थोड़ी ही क्यों न हो, अगर रोज पी जाएगी तो स्वास्थ्य जरूर बिगड़ जाएगा।

बियर में एलकोहल काफी कम होता है परंतु लोग प्रायः काफी बियर पीते हैं जिसके कारण शरीर के अंदर एलकोहल की बहुत ज्यादा मात्रा पहुँच जाती है। इसके अलावा बियर के अंदर काफी सारे पोषक पदार्थ होते हैं। इसलिए अगर ज्यादा बियर पी जाए, तो मोटापा आ जाता है, चर्बी इकट्ठी हो जाती है जो हृदय की पेशी के लिए बहुत खराब बात है : हृदय आकार में बढ़ जाता है, उसकी

संकुचन-क्षमता क्षीण हो जाती है।

सोवियत डाक्टर मैडम पेत्रोवा ने अपने प्रयोगों के आधार पर यह सिद्ध किया कि एलकोहल के नशे की डिग्री उच्च तंत्रिकीय क्रिया की किस्म पर निर्भर करती है। एलकोहल के कारण न्यूरोसिस के लक्षण प्रकट हो जाते हैं और अगर पहले से ही मनुष्य न्यूरोसिस से पीड़ित है तो शराब से यह रोग गंभीर रूप ले लेता है जिसके फलस्वरूप हृद्वाहिका-तंत्र की कार्यगति बिगड़ जाती है। इसी कारण यह कोई आश्चर्य की बात नहीं है कि शराब की लत से अतितान (hypertension), हृद्शूल (stenocardia) तथा ऐथिरोस्क्लेरोसिस (athero-sclerosis) आदि रोग भयंकर रूप ले लेते हैं।

एलकोहल के कुप्रभाव से रुधिर वाहिकाओं, विशेषतः हृदय तथा मस्तिष्क वाहिकाओं की पारगम्यता बढ़ जाती है जिसके परिणामस्वरूप रुधिर वाहिकाओं की दीवारों में परिवर्तन आ जाते हैं तथा रुधिर का स्कंदन (coagulation) तीव्र हो जाता है। यह सब जानते ही हैं कि हृत्पेशी के रोग (myocardial infarction) के कारणों में एक कारण रुधिर का तीव्र स्कंदन भी है।

उपरोक्त बातें यह बताती हैं कि शराब से मनुष्य को कितना अधिक नुकसान होता है, विशेषतः हृद्वाहिका-तंत्र को।

धूम्रपान से भी कोई कम नुकसान नहीं होता, खासतौर से उन लोगों को, जो बहुत ज्यादा सिगरेट पीते हैं।

निकोटीन—तंबाकू का मुख्य अवयव है। इसके जहर का वर्धी तंत्रिका-तंत्र पर बहुत बुरा असर पड़ता है। धूम्रपान से धमनी दाब बढ़ जाता है, नब्ज तेज हो जाती है, कई बार हृदय ठीक तरह से नहीं धड़कता है। निकोटीन की अधिक मात्रा से हृदय की रुधिर वाहिकाएँ सिकुड़ जाती हैं, कभी-कभी मस्तिष्क वाहिकाएँ भी ऐंठ सकती हैं। जिन व्यक्तियों पर निकोटीन तुरंत असर कर जाती है तथा जिन्हें धूम्रपान की आदत नहीं होती, एक सिगरेट से ही उन पर निकोटीन के जहर का असर हो जाता है—चक्कर आने लगते हैं, मुँह से बहुत अधिक लार निकलने लगती है, हृदय तथा रुधिर वाहिकाओं की कार्यगति में अनियमितता आ जाती है। अगर हृद्वाहिका-तंत्र की कार्यगति अक्सर ठीक न रहे तो आगे चलकर विभिन्न प्रकार के भयंकर रोग जन्म ले सकते हैं।

धूम्रपान करने से हृद्वाहिका-तंत्र के विभिन्न रोग—न्यूरोसिस, अतितान, हृद्शूल, ऐथिरोस्क्लेरोसिस, हृत्पेशी का रोग, सामयिक लंगड़ापन (intermittent limping) आदि खतरनाक रूप ले लेते हैं। कभी-कभी तो धूम्रपान से धमनी में भी ऐंठन आ जाती है (arteriospasm)।

धूम्रपान की आदत छोड़ना कोई आसान काम नहीं है परंतु जो लोग इसके दुष्प्रभावों को समझते हैं वे इससे पीछा छुड़ा ही लेते हैं। कभी-कभी ऐसा होता है कि भरसक प्रयास करने पर भी धूम्रपान की आदत नहीं छूटती, तब डाक्टर की सहायता लेनी पड़ती है। डाक्टर मनोचिकित्सा (psychotherapy) या सम्मोहन (hypnosis) की सहायता से इस बुराई से पीछा छुड़वा देता है।

* * *

इस अध्याय के अंत में हम एक बार फिर इस बात पर ध्यान दिलाना चाहेंगे कि स्वास्थ्य के विभिन्न उपायों का परिणाम तभी अच्छा मिलेगा जब हर आदमी अपने स्वास्थ्य का खुद ख्याल रखेगा, अपने काम तथा रहन-सहन का स्तर ठीक रखेगा तथा स्वास्थ्य के लिए आवश्यक बातों की जानकारी रखेगा। चिकित्सा साहित्य, विशेषतः स्वास्थ्य संबंधी पुस्तकें इस कार्य में काफी उपयोगी सिद्ध होंगी।

अध्याय 3

हृदय तथा हृद्‌वाहिका-तंत्र के रोग

हृद्‌वाहिका-तंत्र के रोगों से बचने के जो उपाय पिछले अध्याय में बताए गए हैं, उनका महत्त्व समझने के लिए मुख्य हृदय रोगों के कारणों की जानकारी आवश्यक है। इस अध्याय में हम उन परिस्थितियों का वर्णन करेंगे जिनके कारण ये रोग या तो उत्पन्न हो जाते हैं या बढ़ जाते हैं।

यहाँ हम इन रोगों के सभी लक्षण नहीं बता रहे हैं क्योंकि मरीज का परीक्षण भली-भांति करने के पश्चात केवल डाक्टर ही यह बता सकता है कि मरीज को कौनसा रोग है। हम केवल उन लक्षणों की ओर ध्यान दिलाएंगे जो कि प्रायः बीमारी की आरंभिक अवस्था में दिखाई देते हैं। इन लक्षणों की जानकारी होने से रोगी समय पर डाक्टर से सलाह मांग सकता है तथा अपनी अवस्था का ठीक-ठीक वर्णन कर सकता है।

मरीज का इलाज—डाक्टर का काम है। हमारी पुस्तक डाक्टर नहीं बन सकती और न ही ऐसी आशा करनी चाहिए। मरीज का हाल, उसके रोग की अवस्था, उसके शरीर की विशेषता के आधार पर केवल डाक्टर ही उसका इलाज कर सकता है तथा ठीक सलाह दे सकता है। डाक्टर ही बता सकता है कि मरीज को किस प्रकार का काम करना चाहिए तथा उसकी दिनचर्या कैसी होनी चाहिए। इसलिए हम विभिन्न औषधियों तथा अन्य साधनों का वर्णन नहीं करेंगे जिनके उचित प्रयोग से खतरनाक रोग भी ठीक हो जाते हैं। हम संक्षेप में केवल यह बताएंगे कि किस प्रकार मरीज खुद तथा उसके आसपास के लोग ऐसे हालात बना सकते हैं कि रोग बढ़े नहीं तथा मरीज की हालत भी सुधर जाए; मरीज ने अगर काम करना बंद नहीं किया है तो उसके काम और आराम का क्या प्रबंध करना चाहिए, उसके घर का वातावरण किस प्रकार का रखना चाहिए, उसको क्या खाना-पीना चाहिए, आदि।

हृद्वाहिका-तंत्र का न्यूरोसिस

(Neurosis of Cardiovascular System)

उच्च तंत्रिकीय क्रिया में खराबी आ जाने से जो आम न्यूरोसिस पैदा होता है हृद्वाहिका-तंत्र का न्यूरोसिस उसी का एक भाग है। किसी भी प्रकार का गहरा मानसिक आघात कार्टेक्स की कार्यगति खराब कर सकता है तथा न्यूरोसिस को गंभीर रूप दे सकता है अर्थात् मनुष्य की उच्च तंत्रिकीय क्रिया या दिमाग के सामने अगर अचानक कोई बहुत ही कठिन समस्या खड़ी हो जाए तो न्यूरोसिस का खतरा रहता है।

उच्च तंत्रिकीय क्रिया पर अगर धीरे-धीरे जोर पड़े तो अभ्यस्त हो जाने के कारण तंत्रिका-तंत्र नयी परिस्थितियों के अनुकूल हो जाता है जिसके फलस्वरूप मनुष्य अक्सर न्यूरोसिस से बचा रहता है। परंतु मानसिक आघात अगर दीर्घ समय तक रहता है या उसकी पुनरावृति होती रहती है तो न्यूरोसिस पैदा हो सकता है, उदाहरण के लिए, घर या आफिस में कहा-सुनी, तू-तू मैं-मैं होने से या कम आराम करने से, तंत्रिका-तंत्र में हद से ज्यादा तनाव आ जाने से।

रूसी शरीरविज्ञानी इ. पाव्लोव द्वारा कुत्तों पर किए गए प्रयोगों ने यह दिखाया कि विभिन्न अंगों के रोगग्रस्त हो जाने पर न्यूरोसिस जल्दी बढ़ जाता है जैसे, आंतरिक स्रवण ग्रंथि के कार्य में कोई खराबी हो जाने पर ऐसा देखने को मिलता है। मनुष्य के अंदर भी यही बात पाई जाती है। उदाहरण के लिए, औरतों में जननिवृत्ति-काल के दौरान कभी-कभी न्यूरोसिस पाई जाती है क्योंकि इन दिनों डिम्बाशय की क्रिया में बहुत ज्यादा परिवर्तन आ जाता है। आंतरिक अंगों के चिरकारी रोगों के कारण भी कभी-कभी न्यूरोसिस की बीमारी पैदा हो जाती है।

तपेदिक, अल्परक्तता तथा कुछ अन्य पुराने रोगों के दौरान समस्त जीव तथा उसका तंत्रिका-तंत्र निशक्त हो जाता है जिसकी वजह से जिन लोगों का तंत्रिका-तंत्र कमजोर होता है, उन्हें न्यूरोसिस का रोग लग जाता है जिसके परिणामस्वरूप उनके हृद्वाहिका-तंत्र की कार्यविधि भी बिगड़ जाती है। जिगर तथा गुर्दों में तेज दर्द उठने से भी ऐसा हो सकता है।

जो लोग पहले कभी हृद्वाहिका-तंत्र के किसी रोग से पीड़ित रहे हैं, मानसिक आघात से उन्हें न्यूरोसिस हो सकता है। इन परिस्थितियों में मरीज का रोग खतरनाक रूप ले लेता है तथा उसकी कार्यक्षमता कम हो जाती है। उदाहरणतया, हमने एक ऐसी औरत का अध्ययन किया जिसको हृत्पात का रोग था पर रुधिर-

परिसंचरण बिल्कुल ठीक था। उसे कठिन शारीरिक काम करने में किसी भी प्रकार की परेशानी नहीं होती थी। परंतु एक बार उस पर लुटेरों ने आक्रमण कर दिया जिसके कारण उसे गंभीर मानसिक चोट पहुँची। अब उसके हृदय की धड़कन बिगड़ गई और उसके पैरों में भी सूजन आ गई। मजबूर होकर उसे काम छोड़ना पड़ा। जब इलाज से उसका न्यूरोसिस ठीक हो गया, उसकी कार्यक्षमता फिर लौट आई, पैरों की सूजन भी हट गई और उसका हृदय भी ठीक तरह से धड़कने लगा।

हद से ज्यादा संभोग करने से तथा इस क्रिया में किसी प्रकार की असामान्यता होने से भी हृद्वाहिका-तंत्र का न्यूरोसिस बढ़ सकता है।

कभी-कभी इस रोग के इलाज में ज़बान बहुत महत्त्वपूर्ण भूमिका निभाती है। बहुत सारे शोधकर्त्ताओं ने प्रयोगों के बल पर यह सिद्ध कर दिखाया है कि सम्मोहन तथा जबानी प्रेरणा से मनुष्य के आंतरिक अंगों की कार्यगति तथा उसकी द्रव्य-विनिमय क्रिया में परिवर्तन पैदा किए जा सकते हैं। जबान से हृद्वाहिका-तंत्र की कार्यविधि बदल कर दिखाई गई है, हृद्गति तेज या मंद करके दिखाई गई है, रक्तदाब बढ़ा करके दिखाया गया है, पुतलियाँ चौड़ी करके दिखाई गई हैं, आदि।

इन प्रयोगों के बाद ही यह बात समझ में आई कि कड़वी बातचीत और कभी-कभी तो कुछ शब्द या इशारे ही हृद्वाहिका-तंत्र का न्यूरोसिस क्यों बढ़ा देते हैं। इस बात का ज्ञान होना आवश्यक है, बातचीत, जबान का महत्त्व समझना परम आवश्यक है, इसका दुरुपयोग नहीं करना चाहिए, हर बात सोच-समझकर कहनी चाहिए।

कार्टेक्स की कार्यविधि में निर्बलता आ जाने से सबकार्टेक्स के तंत्रिकीय तंत्र वर्धी तंत्रिका-तंत्र का "नियंत्रण हैंडिल" खो बैठते हैं जिसके फलस्वरूप हृद्वाहिका-तंत्र की सामान्य कार्यविधि में गड़बड़ी पैदा हो जाती है तथा उसे न्यूरोसिस हो जाता है। इसका मतलब यह हुआ कि समस्त वर्धी तंत्रिका-तंत्र के विभिन्न तंत्रों के बीच पारस्परिक समन्वय टूट जाता है (उदाहरणतया, अनुकंपी तथा परानुकंपी तंत्रिका की कार्यविधियों के बीच संतुलन नहीं रहता, रक्तदाब का तथा वाहिकाओं के अंदर रुधिर के प्रवाह का नियंत्रण करने वाले तंत्रिक यंत्रों के बीच अनुमोदित संबंध नहीं रहता, आदि)।

हृद्वाहिका-तंत्र के न्यूरोसिस के विविध लक्षण होते हैं। मरीज को इस बात की शिकायत रहती है कि "उसे अपना हृदय अनुभव होने लगता है", विशेषतः उस समय, जब वह बाएँ पक्ष पर करवट करके लेट रहा होता है। मरीज को बाएँ स्तनाग्र वाले हिस्से में परेशानी सी महसूस होती है और कभी-कभी तो दर्द

भी उठता है। यह दर्द छाती के दूसरे हिस्से में बिल्कुल भी नहीं महसूस होता है। कई बार मरीज को यह शिकायत रहती है कि उसका हृदय बहुत जोर से धड़कता है या कुछ क्षण के लिए हृदय की धड़कन रुक सी जाती है जिसके कारण उसे डर लगने लगता है।

कई मरीजों को नींद ठीक तरह से नहीं आती, उनका स्वभाव चिड़चिड़ा हो जाता है और अधिक तनाव वाले दिमागी काम से उन्हें थकान महसूस होने लगती है। उन्हें इस बात की भी शिकायत रहती है कि वे गहरी सांस लेने में दिक्कत सी महसूस करते हैं।

कुछ अधेड़ औरतों को जननिवृति-काल में न्यूरोसिस हो जाता है। उनको बहुत गर्मी लगती है और पसीना बहुत ज्यादा आता है खासतौर पर तब, जब वे या तो चिंतित अवस्था में होती हैं या गर्म जगह में रहती हैं।

प्रवेगी टैकीकार्डिया (paroxysmal tachycardia) भी हृद्वाहिका-तंत्र के न्यूरोसिस के अन्तर्गत आता है। इस रोग में दिल के दौरे पड़ते हैं।

जब कभी भी डाक्टर हृद्वाहिका-तंत्र के न्यूरोसिस के रोगी की जाँच करता है तो अक्सर न तो वह हृदय में कोई खराबी पाता है और न ही रुधिर वाहिकाओं में। किसी मरीज की नब्ज का स्पंदन तेज गति से होता है (अनुकंपी तंत्रिका के बहुत अधिक उद्दीपित होने पर) तथा किसी का हल्की गति से (परानुकंपी तंत्रिका के बहुत अधिक उद्दीपित होने पर) कभी-कभी हृदय की धड़कन में कोई गड़बड़ी दिखाई देती है। यह बात भी इस तथ्य की ओर इशारा करती है कि वर्धी तंत्रिका-तंत्र का कोई न कोई अंग जरूर हद से ज्यादा उद्दीपित हो गया है।

विभिन्न प्रकार के न्यूरोसिस का इलाज करते समय रोग के कारणों को दूर करना चाहिए अर्थात् ऐसे प्रयास करने चाहिएँ कि कार्टेक्स की कार्यविधि सामान्य हो जाए। इस उद्देश्य की प्राप्ति तभी होगी जब काम और आराम दोनों ठीक प्रकार से किए जाएंगे, ठीक नींद ली जाएगी तथा ताजी हवा में घूमा जाएगा। मरीज को सांत्वना दिलाना तथा उसे प्रसन्नचित रखना भी परम आवश्यक है। इसके अतिरिक्त तंत्रिका-तंत्र की कार्यविधि को सामान्य करने के लिए मरीज को आवश्यक औषधियाँ (ब्रोमाइड या ब्रोमाइड-कैफीन, ब्रोमुरेल वालेरियन) भी देनी चाहिएँ।

नींद न आने की शिकायत होने पर कभी-कभी मरीज को नींद की गोलियाँ दी जाती हैं। ये गोलियाँ हर मरीज पर अलग-अलग प्रकार का असर करती हैं इसलिए इस प्रकार की दवाई का चुनाव हर मरीज के तंत्रिका-तंत्र की विशेषता देखकर ही किया जाता है। इस प्रकार की दवाइयों का इस्तेमाल केवल डाक्टर

की सलाह से ही करना चाहिए तथा दवाई की मात्रा खुद नहीं बढ़ानी चाहिए। सोने से पहले ताज़ी हवा में घूमने से (30-40 मिनट) बहुत सारे लोगों को नींद अच्छी आती है।

कभी-कभी न्यूरोसिस की हालत में डाक्टर लोग मरीज को 10-12 घंटों की नींद दिलाते हैं। कई बार इससे भी ज्यादा देर तक सुलाया जाता है परंतु ऐसा केवल तभी किया जाता है जब मरीज अस्पताल में होता है तथा डाक्टर की निगरानी में रहता है।

हृद्‌वाहिका-तंत्र के न्यूरोसिस के दौरान मनुष्य की कार्यक्षमता पूर्णतया कायम रहती है परंतु अगर ठीक समय पर उसका उचित इलाज न किया जाए तो कार्यक्षमता घट सकती है। कई बार मरीज को रात की शिफ्ट से दिन की शिफ्ट में काम करने को कहना पड़ता है, उसे ऐसा काम छोड़ने के लिए कहना पड़ता है जिसमें काफी शोर होता है या बहुत अधिक तंत्रिक तनाव पैदा होता है।

न्यूरोसिस की रोकथाम के लिए उन कारणों को दूर करना अतिआवश्यक है जिनसे मनुष्य हर वक्त चिंता में डूबा रहता है, उदास तथा चिड़चिड़ा रहता है। यही कारण ही तो तंत्रिका-तंत्र में हद से ज्यादा तनाव उत्पन्न कर देते हैं। संकल्पशक्ति, सब्र व आत्मसंयम होने से तथा सामाजिक कार्यों में भाग लेने से मनुष्य न्यूरोसिस से बचा रहता है।

काम तथा आराम की उचित प्रवृति, अच्छी नींद तथा उचित आहार भी बहुत महत्त्व रखते हैं। शराब से दूर रहना चाहिए। हद से ज्यादा संभोग नहीं करना चाहिए। धूम्रपान नहीं करना चाहिए। अगर रोगी के हृदय के आसपास दर्द उठती है या हृदय ठीक तरह से नहीं धड़कता है तो उसे भूलकर भी सिगरेट नहीं पीनी चाहिए। व्यायाम तथा खेलकूद बहुत लाभदायक रहते हैं।

अतितान

(Hypertension)

इस रोग का मुख्य लक्षण है—उच्च धमनी दाब, जो छोटी धमनियों के बहुत देर तक सिकुड़ते रहने के कारण उत्पन्न हो जाता है।

बहुत सारे रोगियों को हमेशा इस बात की चिंता लगी रहती है कि उनका रक्तदाव बढ़ने के क्या परिणाम होंगे। इस प्रकार की बातों को सोचने से ही उनका रक्तदाब बढ़ सकता है। इन रोगियों को इस बात की जानकारी कराना आवश्यक है कि उच्च रक्तदाब का हमेशा यह मतलब नहीं होता कि उन्हें कोई भयंकर

रोग है : कभी-कभी ऐसा देखा गया है कि मरीज की दशा संतोषजनक है पर उसका रक्तदाब ज्यादा है। कुछ परिस्थितियों में, जैसे फिक्र करते समय, दौड़ते समय या ठंड में, पूर्णतया स्वस्थ लोगों का रक्तदाब एकदम ज्यादा हो जाता है परंतु बाद में बिल्कुल सामान्य हो जाता है।

यह देखा गया है कि कुछ लोगों का रक्तदाब बड़ी सरलता से ''बढ़ जाता है''। थोड़े-से शारीरिक परिश्रम या मानसिक तनाव से उनका रक्तदाब बहुत ऊँचा हो जाता है। इस प्रकार के लोगों को रोगी नहीं समझना चाहिए लेकिन यह बात जरूर है कि अन्य व्यक्तियों की तुलना में ये सरलता से तथा बहुत ही जल्दी अतितान के रोग के शिकार बन सकते हैं। लेकिन अगर पिछले अध्याय में बताए न्यूरोसिस की रोकथाम के आवश्यक उपाय अपनाए जाएं तो अतितान के रोग से बचकर रहा जा सकता है। परंतु इन उपायों का पालन न करने पर प्रतिकूल परिस्थितियों में रोग गंभीर रूप ले लेता है तथा रक्तदाब भी प्रायः असामान्य रहता है।

बीमारी के इस चरण पर रोगी कोई खास परेशानी महसूस नहीं करता : कभी-कभी उसके सिर में दर्द होती है, उसे नींद ठीक नहीं आती है, हृदय वाले हिस्से में उसे कुछ दिक्कत सी महसूस होती है। इस प्रकार की शिकायतें केवल अतितान के रोग में ही नहीं होती हैं। जिन लोगों का तंत्रिका-तंत्र आसानी से उद्दीपित हो जाता है उन्हें भी अक्सर ऐसी परेशानियाँ महसूस होती हैं।

मरीज का परीक्षण करने पर डाक्टर उसके हृदय तथा रुधिर वाहिकाओं में किसी भी प्रकार की खराबी नहीं ढूंढ़ पाता है। रोग के इस चरण में केवल धमनी दाब बढ़ जाता है कभी थोड़ी देर के लिए, तो कभी ज्यादा देर के लिए।

आगे चलकर रक्तदाब बहुत ही ज्यादा बढ़ जाता है और काफी लंबे अर्से तक इसी स्थिति में रहता है। इसके पश्चात विभिन्न धमनियों में ऐथिरोस्क्लेरोसिस दिखाई दे सकता है तथा हृदय में कुछ परिवर्तन पैदा हो सकते हैं।

हृदय तथा रुधिर वाहिकाओं में खराबी पैदा हो जाने पर भी शरीर तंत्रिका-तंत्र की सहायता से नयी परिस्थितियों का आदी बन जाता है तथा धमनी दाब उच्च होने पर भी रुधिर परिसंचरण जारी रहता है। इसी कारण बीमारी के इस चरण में बहुत सारे रोगियों की कार्यक्षमता पूर्णतया कायम रहती है।

अतितान के रोग की उत्पत्ति का क्या कारण है? यह रोग क्यों गंभीर हो जाता है? महीन धमनियों में ऐंठन क्यों आ जाती है जिसके कारण धमनी दाब बढ़ जाता है।

उच्च रक्तदाब के बहुत सारे कारणों से हम परिचित हैं। उदाहरणतया,

अंतःस्रावी ग्रंथियाँ ऐसे पदार्थ निकालती हैं जिनसे रुधिर वाहिकाएँ सिकुड़ जाती हैं जिसके परिणास्वरूप रक्तदाब उच्च हो जाता है। इसका जीता-जागता उदाहरण है—अधिवृक्क ग्रंथि जो एड्रिनेलीन निकालती है तथा पीयूषिका, जो पिटयूट्रिन निकालती है। इन ग्रंथियों के कुछ रोग रक्तदाब को बहुत अधिक बढ़ा देते हैं परंतु इस दशा में रोग को अधिक तनाव अवस्था कहते हैं तथा इसे अंतःस्रावी ग्रंथि की बीमारी का एक लक्षण समझा जाता है न कि अतितान की बीमारी।

इसी प्रकार गुर्दे की बहुत सारी बीमारियों के दौरान, विशेषतः वृक्कशोथ (nephritis) के दौरान अक्सर रक्तदाब ऊँचा पाया जाता है। इसका कारण यह है कि रोगी गुर्दे एक विशेष प्रकार का पदार्थ निकालते हैं जो अन्य पदार्थों के साथ मिलकर धमनी में ऐंठन ले आते हैं जिससे रक्तदाब बढ़ जाता है। इस बीमारी को भी अतितान नहीं समझा जाता है हालांकि दोनों बीमारियों में एक संबंध मौजूद होता है : अतितान के अंतिम चरण में गुर्दे की महीन धमनियों में स्क्लेरोसिस उत्पन्न हो जाता है, मरीज की दशा बिगड़ जाती है तथा उसका रक्तदाब और भी ज्यादा हो जाता है क्योंकि उसकी मुख्य बीमारी में एक और बीमारी मिल जाती है और वह बीमारी है—गुर्दे का अतितान। उच्च रक्तदाब वाले मरीजों में से केवल 10% ही गुर्दों के तथा अंतःस्रावी ग्रंथियों के अतितान से पीड़ित होते हैं। शेष 90% मरीजों में जो अतितान का रोग पाया जाता है उसके कुछ और ही कारण होते हैं।

यह बात सच ही समझें कि इस रोग के मुख्य कारण हैं—दिमागी काम करते समय हद से ज्यादा तनाव तथा फिक्र व बुरी खबरों से केंद्रीय तंत्रिका-तंत्र का हद से ज्यादा उद्दीपन। कार्टेक्स धीरे-धीरे इसके नीचे स्थित मस्तिष्क के अन्य भागों को नियंत्रण में रखने की क्षमता खो देता है, जहाँ पर वाहिकाप्रेरक केंद्र (vasomotor centres) होते हैं जिसके फलस्वरूप एक प्रकार का स्थायी उद्दीपन का केंद्र बन जाता है अर्थात उद्दीपन को बाहर निकालने का कोई रास्ता नहीं मिलता है तथा समय के अन्दर उसका स्थान निरोधन नहीं लेता है। इस प्रकार न्यूरोसिस पैदा हो जाता है, वाहिकाप्रेरक केन्द्रों की कार्यविधि बिगड़ जाती है जिससे रक्तदाब भी बढ़ जाता है।

अतितान के रोग की उत्पत्ति तथा इसके बढ़ने और ऐथिरोस्क्लेरोसिस में परिवर्तित हो जाने का एक कारण और भी है और वह है आवश्यकता से अधिक भोजन तथा आहार में उन पदार्थों की बहुतायत, जिनमें कोलेस्टेरोल बहुत अधिक मात्रा में विद्यमान होता है (दे. पृष्ठ 44)।

इस बात में कोई शक नहीं है कि जलवायु तथा वायुमंडलीय दाब भी धमनी

दाब पर प्रभाव डालते हैं। जिन स्थानों में गर्मियाँ लंबी, गर्म तथा शुष्क होती हैं तथा सर्दियाँ छोटी और गर्म होती हैं तथा वायुमंडलीय दाब 715.730 mm Hg होता है, उदाहरणतया, ताशकंद में, वहाँ अतितान के रोगियों की संख्या कुल रोगियों की संख्या का 4.2% है। ये आँकड़े उज्बेकिस्तान की डाक्टर उमीदोवा ने एकत्रित किए हैं। यही बात एन्जिना पैक्टोरिस (हृद्‌शूल) तथा हृत्पेशी के रोगों के बारे में कही जा सकती है। इसके विपरीत उज़्बेकिस्तान के एक दूसरे शहर कारागंदा में, (जो ताशकंद से ज्यादा दूर नहीं है) जहाँ की जलवायु महाद्वीपीय है परंतु वायु की आपेक्षिक आद्रता उच्च है, जहाँ अक्सर तेज हवाएँ चलती हैं तथा वायुमंडलीय दाब 700 mm Hg से भी नीचे गिर जाता है, अतितान के रोगियों की प्रतिशत संख्या 22.8 है (ताशकंद से पाँच गुना ज्यादा)

उपरोक्त कारणों के आधार पर अतितान के रोग की रोकथाम तथा इसके उपचार के विभिन्न उपाय निश्चित किए गए हैं।

सभी प्रकार के रोगों, विशेषतः उन रोगों की रोकथाम के लिए, जिनमें उच्च तंत्रिकीय क्रिया की असामान्यता विशेष महत्त्व रखती है, काम और आराम का इंतजाम ठीक रहना चाहिए, व्यायाम तथा अन्य साधनों द्वारा शरीर को मजबूत बनाना चाहिए।

अतितान का पता अगर आरंभिक चरण में लग जाए तो बहुत ही अच्छा रहता है। हम ऊपर बता चुके हैं कि कुछ ऐसे लोग होते हैं जिनका तंत्रिका-तंत्र सरलता से बहुत ज्यादा उद्दीपित हो जाता है, जिनमें किसी भी समस्या का तुरंत हल ढूँढ़ने की क्षमता नहीं होती है तथा जिन पर किसी भी गम का असर बहुत दिनों तक छाया रहता है। इन लोगों का रक्तदाब अगर बार-बार नापा जाए तो यह देखेंगे कि शांत वातावरण में भी समय-समय पर उनका रक्तदाब थोड़ा बढ़ा रहता है। इन लोगों को डाक्टर की निगरानी में रहना चाहिए तथा उनके काम और रहन-सहन का अच्छा प्रबंध होना चाहिए : उदाहरण के लिए, अगर वे रात की शिफ्ट में काम करते हैं तो उन्हें दिन की शिफ्ट में ले आना चाहिए।

बहुसंख्यक प्रेक्षणों के आधार पर यह स्थापित हो चुका है कि जो लोग ज्यादा जोर डालकर दिमागी काम करते हैं, हर समय बैठे ही रहते हैं तथा जिनमें मोटे होने की प्रवृति होती है, अक्सर वे ही अतितान के शिकार बनते हैं और उन्हीं में यह रोग आगे चलकर शीघ्रता से ऐथिरोस्क्लेरोसिस का रूप ले लेता है। रोजाना नियमित रूप से ताजी हवा में सैर करना (कम से कम 1.5.2 घंटे रोज), व्यायाम करना (केवल युवावस्था में ही नहीं अधेड़ अवस्था में भी) तथा मोटापे की प्रवृति रखने वाले लोगों द्वारा चर्बीयुक्त, मीठी तथा मैदे की बनी चीजों का

सीमित सेवन—ये सब बातें अतितान के रोग से सुरक्षित रहने तथा इसके उपचार में बहुत अधिक महत्त्व रखती हैं।

धूम्रपान से रुधिर वाहिकाएँ ऐंठ जाती हैं इसलिए धूम्रपान बंद कर देना चाहिए या बिल्कुल कम कर देना चाहिए। जिन लोगों को सुन्न होने की शिकायत है या जिनके हाथ या पैर की उंगलियाँ ठंडी रहती हैं तथा हृदय के आसपास दर्द महसूस होता है उन्हें धूम्रपान बिल्कुल बंद कर देना चाहिए। यहाँ इस बात पर जोर देने की जरूरत नहीं है कि शराब भी बिल्कुल बंद कर देनी चाहिए।

अतितान के इलाज के दौरान दो बातों की ओर सबसे ज्यादा ध्यान दिया जाता है—मरीज का हौसला बढ़ाने में तथा उन परिस्थितियों को लाने में, जिनसे मरीज का मस्तिष्क "आराम कर सके"। इलाज की सफलता मुख्यतः मरीज के काम और आराम की उचित नित्य-चर्या पर निर्भर करती है। कभी-कभी केवल इतनी सी बात से ही मरीज का धमनी दाब सामान्य हो जाता है तथा उसकी हालत काफी सुधर जाती है।

रोग के इलाज में मनोचिकित्सा भी काफी लाभदायक सिद्ध होती है। मनोचिकित्सा की दो मुख्य बातें होती हैं—एक तो शांत वातावरण तथा दूसरा संबंधियों तथा मिलने-जुलने वाले लोगों की सहायता से मरीज का हौसला बढ़ाना। अगर एक अनुभवी डाक्टर सम्मोहन द्वारा मरीज का नियमित रूप से इलाज करे तो उसे अक्सर सफलता प्राप्त होती है। इस प्रकार का इलाज अगर अस्पताल में किया जाए, तो बेहतर रहेगा। इस बात का ध्यान रखना बहुत जरूरी है कि मरीज का दिमाग शांत रहे तथा उसे किसी भी तरह की चिंता न सताए। कई बार मरीज को पूर्णतया शारीरिक विश्राम करने की सलाह देनी पड़ती है अर्थात् उसे लेटा रहने का कहा जाता है। लेकिन इस बात का ख्याल रखना चाहिए कि मरीज को केवल उतने समय के लिए लेटा रहने देना चाहिए जितना उसके इलाज के लिए आवश्यक है, उससे ज्यादा नहीं। यह न भूलें कि जो लोग अपना पेशा तथा अपने साथियों को पसंद करते हैं तथा जिन्हें काम की आदत पड़ी होती है वे खाली रहने से चिड़चिड़े हो जाते हैं परंतु जैसे ही वे काम पर लौटते हैं उनकी तबीयत एकदम सुधर जाती है।

डाक्टर की सलाह से उपयुक्त औषधियाँ लेने से तबीयत ठीक हो जाती है, नींद अच्छी आती है तथा धमनी दाब भी कम हो जाता है।

निद्रा रक्षात्मक निरोधन (protective inhibition) का कार्य करती है। यह कार्टेक्स की तंत्रिका कोशिकाओं को हद से ज्यादा उद्दीपित नहीं होने देती। इसलिए आवश्यकतानुसार लंबी तथा गहरी नींद बहुत आवश्यक है। अस्पतालों में कभी-कभी

मरीजों का इलाज लंबी नींद द्वारा भी किया जाता है।

मरीज की हालत, उसके रोग की अवस्था, उसके हृद्वाहिका-तंत्र तथा मोटापे की प्रवृति के हिसाब से डाक्टर उसका आहार निश्चित करता है।

इस बात को ध्यान में रखते हुए कि अतितान के रोगी शीघ्रता से तथा आसानी से ऐथिरोस्क्लेरोसिस के शिकार बन जाते हैं उनसे आहार के नियमों का पालन कराना चाहिए जिससे वे मोटापे तथा ऐथिरोस्क्लेरोसिस से बचे रहें।

कभी-कभी (मोटापे के दौरान) डाक्टर उपवास रखने की सलाह भी देते हैं। (पिछला अध्याय देखिए)।

विद्युत चिकित्सा और जल चिकित्सा से भी काफी लाभ होता है अगर तंत्रिका तंत्र इनसे शांत होता है (गर्म पानी में नहाना, शरीर को गर्म कपड़े में लपेटना आदि)।

कई बार अतितान के इलाज में चिकित्सा-व्यायाम काफी फायदेमंद सिद्ध होता है। न केवल कठोर दिमागी काम तथा बुरे मनोभावों की बहुतायत (दुख, फिक्र, डर) से धमनियों में रक्तदाब उच्च हो जाता है; इसका एक और कारण भी है और वह है पेशीय कार्य की कमी। इसी कारण व्यायाम से दोहरा लाभ होता है—पहला यह कि मनुष्य इस रोग से बचा रहता है और दूसरा यह कि अगर वह इस रोग से पीड़ित है तो व्यायाम से वह ठीक हो जाता है।

सरल व्यायाम क्रियाओं से रुधिर में ऐसे पदार्थ उत्पन्न हो जाते हैं जो रुधिर वाहिकाओं को फैला देते हैं। इसके अलावा व्यायाम से तंत्रिकीय तथा जैवरसायनिक प्रक्रियाओं का पारस्परिक समन्वय बेहतर हो जाता है। छोटी धमनियों की दीवारों के अंदर पेशियों का तनाव इन्हीं प्रक्रियाओं पर ही तो निर्भर करता है।

सिर की मालिश करने से भी कभी-कभी दर्द दूर हो जाता है। जिसकी प्रतिक्रिया से धमनी-दाब कम हो जाता है।

कई बार कुछ औषधियों से भी धमनी-दाब कम हो जाता है परंतु इन औषधियों का प्रयोग डाक्टर से पूछकर ही करना चाहिए।

जिन लोगों को अपने अंदर अतितान के लक्षण स्पष्ट दिखाई देते हैं वे अपना काम जारी रख सकते हैं, परंतु उन्हें अपनी दिनचर्या का खयाल रखना चाहिए, काम के बाद पर्याप्त आराम करना चाहिए तथा डाक्टर की सारी बातें माननी चाहिएँ जिससे उनका रोग बढ़े नहीं। कुछ रोगियों को डाक्टर लोग अपना पेशा बदलने को कहते हैं या कुछ समय के लिए काम न करने की सलाह देते हैं।

अगर मरीज ने ठीक पेशा चुना है और वह प्रसन्नचित रहता है तो उसकी

कार्यक्षमता कायम रहती है। अगर रोग ने गंभीर रूप ले भी लिया है तो अधिकांश लोगों का इससे पीछा छुड़वाया जा सकता है और अगर इसमें सफलता नहीं मिलती तो इलाज से इतना जरूर किया जा सकता है कि मरीज की कार्यक्षमता पूर्णतया लौट आए। वहमी लोगों को तो इस बात का जरूर ही पता होना चाहिए क्योंकि वे हमेशा अपनी बीमारी को बढ़ा-चढ़ाकर बताते हैं तथा कुछ ज्यादा ही घबराए रहते हैं। अकेले डाक्टर का ही यह काम नहीं है कि वह मरीज का हौसला बढ़ाए, मरीज के आसपास के लोगों को भी उसकी हिम्मत बढ़ानी चाहिए। मरीज को सब्र रखना चाहिए तथा अपने अंदर आत्मविश्वास पैदा करना चाहिए। इन बातों से इलाज में बहुत सहायता मिलती है। अतितान के रोग की सबसे बढ़िया औषधियों में से एक औषधि का नाम है—स्वस्थ आशावाद।

ऐथिरोस्क्लेरोसिस

(Atherosclerosis)

ऐथिरोस्क्लेरोसिस में धमनियों की दीवारें सख्त हो जाती हैं तथा उनके अंदर कुछ ऐसे पदार्थ जमा हो जाते हैं जो स्वस्थ शरीर में नहीं पाए जाते हैं जैसे, कैल्सियम, कोलेस्टेरॉल, हाइलीन (प्रोटीन प्रकृति वाला एक पदार्थ)। जीवन के लिए अतिमहत्त्वपूर्ण अंगों—महाधमनी, हृदय तथा मस्तिष्क की धमनियों—के अंदर कोलेस्टेरॉल थिगलियाँ आगे चलकर गाढ़ी हो जाती हैं और दलिए का रूप ले लेती हैं, इसी कारण इस रोग का नाम ऐथिरोस्क्लेरोसिस या ऐथिरोमेटोसिस रखा गया है। यूनानी भाषा में ऐथिर शब्द का अर्थ होता है—दलिया। ऐथिरोस्क्लेरोसिस धमनीकाठिन्य का एक प्रायिक रूप है।

ऐथिरोस्क्लेरोसिस में धमनियाँ तंग हो जाती हैं तथा उनकी भीतरी सतह (जहाँ कोलेस्टेरॉल की थिगलियाँ जमी हुई हैं) पर कभी-कभी रुधिर के थक्के (thrombi) जमा हो जाते हैं जो रुधिर वाहिकाओं की अवकाशिका (ल्यूमेन) बंद कर देते हैं जिसके फलस्वरूप ऊतक के संगत भाग को रुधिर मिलना बंद हो जाता है। रुधिर वाहिका के बंद होने में एक और बात सहायक होती है और वह यह कि परिवर्तित धमनी हल्के से उद्दीपन से ऐंठ जाती है, जैसे ठंड से।

ऐथिरोस्क्लेरोसिस सभी रुधिर वाहिकाओं में एक समान नहीं फैलता है : कभी वह मुख्यतः महाधमनी को क्षति पहुँचाता है और कभी मस्तिष्क की धमनियों को, इत्यादि। रोग के लक्षण मुख्यतः उस अंग के पोषण पर निर्भर करते हैं जिसे परिवर्तित धमनियाँ रुधिर प्रदान कर रही होती हैं।

महाधमनी के ऐथिरोस्क्लेरोसिस में उसकी तन्यता कम हो जाती है तथा वह कुछ चौड़ी हो जाती है। इस बात की जाँच ठोंक कर तथा एक्सरे द्वारा की जी सकती है। अगर ऐथिरोस्क्लेरोसिस केवल महाधमनी तक ही सीमित है तो मरीज किसी भी प्रकार की परेशानी महसूस नहीं करता है और न ही समस्त जीव के अंदर किसी प्रकार की गड़बड़ी पैदा होती है। परंतु अगर इस दौरान महाधमनी के कपाट भी चपेट में आ जाएँ तो वे सिकुड़ जाते हैं तथा हृदय के विस्फारण के दौरान महाधमनी का मुँह पूरी तरह से बंद करने के अयोग्य हो जाते हैं। इसके परिणामस्वरूप एक रोग उत्पन्न हो जाता है जिसे महाधमनी के कपाटों की क्षति कहते हैं। ऐथिरोस्क्लेरोसिस में हृत्पात से रुधिर परिसंचरण पर कोई कुप्रभाव नहीं पड़ता।

हृदय की धमनियों का ऐथिरोस्क्लेरोसिस अक्सर देखने को मिलता है। इससे हृद्शूल (स्टैनोकार्डिया) (पृष्ठ 98) खतरनाक रूप ले लेता है तथा हृत्पेशी के इन्फार्क्त का खतरा (पृष्ठ 105) रहता है।

मस्तिष्क तथा हृद्वाहिका तंत्र के अन्य अंगों के ऐथिरोस्क्लेरोसिस में या तो शुरू में धमनियाँ ऐंठ जाती हैं या फैल जाती हैं। मरीज को इस बात की शिकायत रहती है कि रुधिर उसके सिर की ओर बह रहा है, कभी-कभी उसे चक्कर आते हैं तथा सिर में दर्द होती है। इसके बाद बीमारी बढ़ जाती है और स्थायी हो जाती है, मरीज की याददाश्त कमजोर हो जाती है, दिमागी काम से वह बहुत जल्दी थकने लगता है, चिड़चिड़ा हो जाता है तथा उसके मस्तिष्क की कार्यविधि की खराबी के अन्य लक्षण दिखने लगते हैं।

मस्तिष्क की धमनियों के स्क्लेरोसिस में आन्तरायिक लंगड़ापन पैदा हो जाता है। पहले यह रोग घोड़ों में पाया गया तथा पशुचिकित्सकों ने इसका वर्णन किया। पूरी गति से दौड़ते-दौड़ते अचानक घोड़े की उस टाँग में लंगड़ापन आ जाता है जिसे स्क्लेरोटिक धमनी से रुधिर कम मिल रहा होता है। घोड़ा बीमार टाँग मोड़ लेता है और तीन टाँगों से तब तक दौड़ना जारी रखता है जब तक कि इस टाँग में फिर से दौड़ने की शक्ति नहीं आ जाती। आदमी को भी ऐसा रोग होता है। यह प्रायः एक टाँग में फैलता है। चलते-चलते अचानक टाँग भारी सी लगने लगती है इसके बाद उसमें दर्द होने लगता है। मरीज शुरू में लंगड़ा-लंगड़ा कर चलता है परंतु बाद में मजबूर होकर उसे रुक जाना पड़ता है। जैसे ही दौरा पड़ना बंद हो जाता है उसमें फिर से चलने की शक्ति आ जाती है परंतु थोड़ी देर बाद फिर उसे दर्द महसूस होने लगता है तथा उसकी टाँग में लंगड़ापन आ जाता है।

इस प्रकार की परेशानी धमनी के ऐथिरोस्क्लेरोसिस से नहीं उत्पन्न होती है। इसका कारण है—रुधिर वाहिकाओं में ऐंठन आ जाना। जिन लोगों को धूम्रपान की लत होती है उनके साथ अक्सर ऐसा होता है परंतु धूम्रपान छोड़ने के बाद उनका रोग बिल्कुल ठीक हो जाता है।

टाँगों की धमनियों के ऐथिरोस्क्लेरोसिस में धमनियों के ऐंठने की संभावना बढ़ जाती है। आरंभ में यह रोग हृद्शूल से काफी मिलता-जुलता होता है जिसे कभी-कभी "हृदय का आन्तरायिक लंगड़ापन" भी कहते हैं। रोगियों को अपनी टाँगों को गर्म रखना चाहिए तथा सर्दियों में गर्म जुराबें, गर्म पजमियाँ तथा गर्म जूते पहनने चाहिएँ। चलते समय चाल धीरे-धीरे तेज करनी चाहिए। अगर रोग काफी बिगड़ चुका है तो इसका इलाज सर्जन करता है।

बाँहों की धमनियों का ऐथिरोस्क्लेरोसिस टाँगों की धमनियों के ऐथिरोस्क्लेरोसिस जितना खतरनाक नहीं होता तथा इसकी पहचान भी आसानी से हो जाती है—नब्ज टटोल कर। त्रिज्य धमनी ज्यादा सख्त लगती है तथा कभी-कभी उसके ऊपर खरोंचें दिखाई देती हैं।

कनपटी की धमनी का निरीक्षण करने पर अगर उसमें थोड़ा सा भी टेढ़ापन दिखाई देता है तो इसका मतलब यह है कि ऐथिरोस्क्लेरोसिस हो गया है। नेत्रपटलदर्शी (ophthalmoscope) की सहायता से आँख की धमनियों के ऐथिरोस्क्लेरोसिस का तुरंत पता चल जाता है, उदाहरणतया, अतिरक्तदाब में।

उदरीय धमनियों का ऐथिरोस्क्लेरोसिस अगर बहुत बढ़ गया है तो पेट में वैसा ही दर्द होता है जैसाकि हृद्शूल में।

ऐथिरोस्क्लेरोसिस क्यों होता है? इस बीमारी के क्या कारण होते हैं?

पहले यह समझा जाता था कि आदमी की रुधिर वाहिकाएँ देखकर उसकी उम्र बताई जा सकती है। इसका मतलब यह हुआ कि बुढ़ापा भी ऐथिरोस्क्लेरोसिस का कारण होता है। यह बात कुछ अंश तक ठीक है। जवानी के मुकाबले बुढ़ापे में यह रोग ज्यादा होता है। लेकिन कभी-कभी यह भी देखा गया है कि किसी बूढ़े आदमी में ऐथिरोस्क्लेरोसिस का एक भी लक्षण नहीं दिखाई देता परंतु एक जवान आदमी इस रोग से पीड़ित होता है।

औरतों के मुकाबले मर्द ज्यादा इस रोग के शिकार होते हैं। जवान मर्दों को भी यह रोग काफी होता है। इसका कारण संभवतः यह है कि मर्द एक तो शराब बहुत पीते हैं और दूसरा धूम्रपान भी खूब करते हैं।

शराब पीने से उच्च तंत्रिकीय क्रिया में बहुत ज्यादा खराबी आ जाती है जिसके कारण तंत्रिका-तंत्र के रास्ते ऐथिरोस्क्लेरोसिस पर काफी असर पड़ता है

और रोग बढ़ जाता है। तंत्रिका-तंत्र ही तो द्रव्य-विनिमय तथा कोलेस्टेरोल पर नियंत्रण रखता है।

सोवियत अकादमीशियन नि. आनिच्कोव के सिद्धांतानुसार द्रव्य-विनिमय की खराबी से वाहिकाओं में कोलेस्टेरोल जमा हो जाता है जो कि ऐथिरोस्क्लेरोसिस का मुख्य कारण है। इस अवस्था में कोलेस्टेरोल की भरपूर मात्रा वाला आहार ऐथिरोस्क्लेरोसिस बढ़ा देता है। हर समय बैठे रहने से आदमी मोटा हो जाता है तथा इससे भी यह रोग बढ़ जाता है।

ऐथिरोस्क्लेरोसिस से सुरक्षित रहने के लिए उचित आहार लेना चाहिए, चलते-फिरते रहना चाहिए तथा उन कारणों को दूर करना चाहिए, जिनका तंत्रिका-तंत्र पर बुरा प्रभाव पड़ता है। पिछले अध्याय में हम बता ही चुके हैं कि इस रोग से बचने के लिए किस प्रकार का भोजन लेना चाहिए।

इस बात की ओर ध्यान दिलाना चाहेंगे कि केवल कोलेस्टेरोल युक्त आहार से ही ऐथिरोस्क्लेरोसिस नहीं बढ़ता है। अगर दूसरी तरह का भोजन भी हद से ज्यादा लेंगे तो उससे भी यह रोग बढ़ जाता है। क्योंकि कोलेस्टेरोल प्रोटीनों तथा कर्बोहाइड्रेटों से भी बन जाता है। परंतु कई बार ऐसा देखा गया है कि कुछ लोग भोजन में कोलेस्टेरोल की बहुत अधिक मात्रा लेने पर भी बुढ़ापे में पूर्णतया स्वस्थ रहते हैं, इसके विपरीत कुछ लोग कोलेस्टेरोल की न्यूनतम मात्रा लेने पर भी ऐथिरोस्क्लेरोसिस के शिकार हो जाते हैं। इस तथ्य से यह स्पष्ट है कि खराबी कोलेस्टेरोल की मात्रा में नहीं है, फिर भी आहार के नियमों के महत्त्व को नहीं भूलना चाहिए।

ऐथिरोस्क्लेरोसिस ज्यादातर 40-50 साल से अधिक उम्र वाले लोगों को होता है अर्थात् बुढ़ापे में जब रुधिर वाहिकाएँ घिस जाती हैं। परंतु इसका वास्तविक तथा मुख्य कारण है–विभिन्न स्वास्थ्यकर तथा आहार नियमों का लगातार उल्लंघन। यह कोई जरूरी नहीं है कि हर बढ़ा आदर्श ऐथिरोस्क्लेरोसिस का मरीज होता है। इस बीमारी का इलाज किया जा सकता है और कई सालों तक इससे बचा रहा जा सकता है। द्रव की मात्रा सीमित नहीं करनी चाहिए बल्कि इसके विपरीत मरीज को 24 घंटे में कम से कम 1.5 लीटर द्रव (चाय, दूध तथा अन्य द्रवित चीजें मिलाकर) जरूर पिलाना चाहिए। अगर उसे कम द्रव दिया जाएगा तो उसका रुधिर तथा अन्य द्रवित पदार्थ गाढ़े हो जाएंगे तथा उनके अंदर जीव-क्रियाओं के विभिन्न उत्पाद इकट्ठे हो जाएँगे और द्रव्य-विनिमय कम अनुकूल परिस्थितियों में होने लगेगा। अगर खाने में बहुत ज्यादा नमक होता है तो शरीर के अंदर द्रव जरूरत से ज्यादा देर तक रुका रहता है इसलिए नमकीन भोजन

की मात्रा सीमित रखनी चाहिए। सूप, दूध या सब्जियों का बना होना चाहिए।

सक्रिय जीवनचर्या तथा व्यायाम से बहुत लाभ होता है क्योंकि इससे द्रव्य-विनिमय अच्छी प्रकार से घटता है तथा सारा जीव, विशेषतः इसका तंत्रिका-तंत्र मजबूत होता है। जो लोग दिमागी काम करते हैं उनके लिए व्यायाम बहुत ही जरूरी है। परंतु इसका मतलब यह नहीं है कि शारीरिक परिश्रम करने वाले लोगों को व्यायाम की जरूरत ही नहीं है।

मनुष्य को जिंदगी भर व्यायाम करते रहना चाहिए। यह बात जरूर है कि उम्र के हिसाब से उसे व्यायाम बदलते रहना चाहिए। अक्सर लोग 40 साल की उम्र के बाद व्यायाम करना छोड़ देते हैं। यह गलत बात है। इस उम्र में ही तो बहुत सारे लोग मोटापन का शिकार हो जाते हैं, न तो वे बहुत देर तक चल-फिर सकते हैं और न ही कठिन शारीरिक परिश्रम कर सकते हैं। इसलिए हम तो यही कहेंगे कि इस उम्र में व्यायाम और भी ज्यादा जरूरी है।

एक बुजुर्ग आदमी को, जिसकी रुधिर वाहिकाओं में ऐथिरोस्क्लेरोसिस के कारण कुछ परिवर्तन आ चुके हैं तथा जिसे, हो सकता है, कुछ और रोग भी हों, किस प्रकार की व्यायाम क्रियाएँ करने की सलाह देनी चाहिए? ऐसी हिदायतें देना असंभव है जिनसे हर किसी को लाभ हो। इसके लिए रोगी को अपने डाक्टर तथा व्यायाम-विशेषज्ञ से सलाह लेनी चाहिए। हम इतना जरूर कह सकते हैं कि सुबह उठकर व्यायाम करने से तथा खेलों में भाग लेने से हर उम्र के व्यक्ति को लाभ होगा। कभी-कभी अस्वस्थ होने के कारण या किसी और वजह से कुछ समय के लिए व्यायाम अभ्यास बंद कर देना पड़ता है। इस मध्यांतर के बाद धीरे-धीरे अभ्यास द्वारा फिर उन्हीं व्यायाम-क्रियाओं तथा खेलों की ओर लौट आना चाहिए।

व्यायाम की सहायता से मरीज की दिनचर्या व आहार पर नियंत्रण रखकर डाक्टर उसकी काफी हद तक इस रोग से रक्षा कर सकता है, रोग को पूर्णतया खत्म कर सकता है या उसके दुष्प्रभावों से मरीज को बचा सकता है। परंतु इस प्रकार के परिणाम तभी मिल सकते हैं जब डाक्टर और मरीज दोनों ही दृढ़ विचारों वाले हों तथा सब्रदार हों।

आम लोगों का यह ख्याल है कि 45-50 साल की उम्र के बाद समय-समय पर आयोडीनयुक्त दवाई पीने से मनुष्य ऐथिरोस्क्लेरोसिस से सुरक्षित रहता है। कई लोग बिना डाक्टर से पूछे ऐसा करने लगते हैं। वे अपना स्वास्थ्य खुद बिगाड़ते हैं। लोगों को पता होना चाहिए कि आयोडीन हर आदमी के लिए अनुकूल नहीं होती : कई लोगों को इसके प्रयोग से जुकाम, खाँसी, दस्त, खारिश आदि की

परेशानी हो जाती है। इसके अतिरिक्त अगर ज्यादा समय तक आयोडीन का प्रयोग किया जाए तो तंत्रिका तंत्र हद से ज्यादा उद्दीपित हो जाता है। औरतों में जननिवृतिकाल के दौरान आयोडीन की अधिक मात्रा से अवटू-विशालुता (thyrotoxicosis) जैसा खतरनाक रोग पैदा हो सकता है। इसके विपरीत बेसडो रोग (Basedow's disease) में आयोडीन की थोड़ी मात्रा से काफी लाभ पहुँचता है क्योंकि इससे तंत्रिका तंत्र का उद्दीपन कम हो जाता है। मस्तिष्क की रुधिर वाहिकाओं के ऐथिरोस्क्लेरोसिस के इलाज में भी डाक्टर लोग आयोडीन लेने को कहते हैं।

डाक्टर से पूछकर आयोडीन अक्सर गर्मियों के दिनों मे ली जाती है। इसे खाना खाने के बाद दूध या क्षारक जल के साथ लेना चाहिए।

अंत में हम कहेंगे कि शराब और सिगरेट छोड़ देने से भी ऐथिरोस्क्लेरोसिस का खतरा कम हो जाता है।

अगले दो हृद्रोगों में एक समान लक्षण हैं। इनका संबंध हृदय पेशी के रुधिर अभाव के साथ रहता है—तीक्ष्ण हृदय अभाव (acute coronary insufficiency)। मध्यहृद्स्तर में रुधिर का अभाव चिरकारी हो सकता है। इस अवस्था को चिरकारी अभाव (chronic coronary insufficiency) कहते हैं। परंतु इसके प्रत्यक्ष रूप दो रोग हैं—हृद्शूल (angina pectoris) तथा हृत्पेशी का रोग, जिनका हम नीचे वर्णन कर रहे हैं।

हृद्शूल

(Angina Pectoris, Stenocardia)

यह रोग भी अतितान के रोग की तरह न्यूरोसिस का एक रूप है, फर्क केवल इतना है कि इसमें न तो छोटी धमनियों में देर तक ऐंठन आती है और न ही रुधिर का दाब बढ़ता है। इसमें केवल हृदय की रुधिर वाहिकाओं में थोड़ी-थोड़ी देर के लिए ऐंठन आ जाती है। हम प्रथम अध्याय में बता ही चुके हैं कि लगभग सभी धमनियाँ अनुकंपी तंत्रिका के प्रभावस्वरूप सिकुड़ती हैं परंतु हृदय की धमनियाँ परानुकंपी तंत्रिका के प्रभाव स्वरूप सिकुड़ती हैं। इसी कारण जिस न्यूरोसिस में परानुकंपी तंत्रिका का उद्दीपन बहुत ज्यादा होता है, वहाँ रोग हृद्शूल का रूप ले लेता है।

इस रोग का मुख्य लक्षण है—छाती में तनाव महसूस होना, कभी-कभी यह तनाव कम या अधिक दर्द में परिवर्तित हो जाता है। परंतु इसका मतलब यह

नहीं है कि छाती में सभी प्रकार के दर्द केवल हृद्शूल के कारण होते हैं। ज्यादातर छाती में दर्द कुछ और ही कारणों से होता है तथा उसका हृदय के साथ कोई संबंध नहीं होता है। उदाहरणतया, पसलियों की तंत्रिकाओं में किसी भी प्रकार की खराबी आ जाने से अक्सर छाती में दर्द होने लगता है, इसे अन्तर पसलीय न्यूरैल्जिया (intercoptal neuralgia) कहते हैं। इस अवस्था में पसलियों के बीच की जगह को उँगली से दबाने से दर्द बढ़ जाता है। इसी प्रकार पसलियों के अंदर पेशियों तथा वक्ष की अन्य पेशियों में ठंड लगने से दर्द महसूस होता है। अक्सर पेशियों के साथ-साथ तंत्रिकाओं में भी दर्द होता है या मेरु तंत्रिका के पश्चमूल उद्दीपित हो जाते हैं (radiculitis) । इस प्रकार की बीमारियों में वक्ष हिलाने तथा गहरी सांस लेने से बहुत ज्यादा दर्द महसूस होता है। अगर शुष्क-प्लूरिसी (परिफुप्फुस) में शोथ आ जाए, तो भी वक्ष के कुछ हिस्सों में दर्द होता है। न्यूरोसिस तथा कुछ अन्य रोगों में भी वक्ष में दर्द महसूस होता है जिसका हृदय की रुधिर वाहिकाओं के साथ कोई संबंध नहीं होता है। इसलिए केवल डाक्टर ही मरीज के वक्ष का परीक्षण करके दर्द का सही कारण बता सकता है।

हृद्शूल में अक्सर दर्द चलने-फिरने, हिलने-डुलने से, शारीरिक परिश्रम करने से या किसी गंभीर मानसिक आघात पहुँचने से महसूस होता है—इसे मेहनत का हृद्शूल कहते हैं। लेटे रहने पर बहुत कम अवसरों पर दर्द महसूस होता है—इसे विश्राम का हृद्शूल कहते हैं। कभी-कभी हृद्शूल में किसी भी तरह का दर्द महसूस नहीं होता, केवल वक्ष में कुछ दबाब सा महसूस होता है। दर्द इतना अल्पकालिक हो सकता है कि केवल चंद सेकेंड के लिए ही महसूस होता है। दूसरे रोगियों में दर्द तेज हो सकता है, कई मिनटों तक रह सकता है तथा कई बार दर्द बाईं बाँह, मोंढ़े या गर्दन में फैल जाए तो इसका यह मतलब नहीं है कि यह दर्द हृद्शूल के कारण है।

अगर हृद्शूल उस समय हो जाए जब रोगी चल रहा होता है तो दर्द के कारण इतनी अधिक कमजोरी महसूस होती है कि रोगी को रुक जाना पड़ता है। जैसे ही दर्द हट जाता है रोगी की दशा सुधर जाती है, वह स्वस्थ हो जाता है और तुरंत या थोड़ा विश्राम करके अधूरे काम को पूरा करने लग जाता है।

गंभीर मानसिक आघात से तंत्रिका-तंत्र में बहुत ज्यादा तनाव या थकान पैदा हो सकती है जिसके परिणामस्वरूप अक्सर हृद्शूल हो सकता है, हालाँकि इस अवस्था में हृद् रुधिर वाहिकाएँ स्वस्थ होती हैं। ऐसा अक्सर जवान लोगों के साथ होता है। कुछ लोगों को हृद्शूल इसलिए होता है कि ऐथिरोस्क्लेरोसिस की वजह से उनके हृदय की धमनियों में थोड़े या बहुत सारे परिवर्तन आ जाते

हैं, अतः वे अपना कार्य ठीक तरह से करने के अयोग्य हो जाती हैं, जैसे शारीरिक परिश्रम या किसी भी तरह का कठिन कार्य करते समय वे ठीक तरह से नहीं फैलतीं, बल्कि कभी-कभी तो सिकुड़ तक जाती हैं।

कभी-कभी ऐसा भी होता है कि त्वचा (उदाहरणतया, ठंडी हवा में) या पेट (परितृप्ति की अवस्था में) की प्रतिक्रियास्वरूप हृदय की धमनियों में ऐंठन आ सकती है जिससे हृद्शूल हो सकता है।

कुछ जहरीले पदार्थ, विशेषतः तंबाकू में उपस्थित निकोटीन वर्धी तंत्रिका तंत्र को उद्दीपित करके हृदय की धमनियों की कार्यविधि बिगाड़ सकते हैं। ऐसे रोगी देखे गए हैं जिनके हृद्शूल का मुख्य कारण हद से ज्यादा धूम्रपान होता है; रोग के इस रूप को 'तंबाकू हृद्शूल' कहते हैं। अन्य रोगियों को हृद्शूल कुछ और कारणों से हो सकता है परंतु धूम्रपान से उनका रोग बिगड़ जाता है और कभी-कभी धूम्रपान की वजह से पहली बार उन्हें इस रोग की शिकायत होती है। शराब के सेवन से भी हृद्शूल गंभीर रूप ले लेता है इसलिए रोग के दौरान धूम्रपान की तरह मद्यपान पर भी पूर्णतया निषेध रहता है।

हृद्शूल के प्रकट होने के बारे में निम्न जानकारी होनी चाहिए। अगर पहली बार मरीज को हृद्शूल की परेशानी उस समय हुई, जब वह सड़क पार कर रहा था, जिस पर सैकड़ों कारें, बसें इधर-उधर दौड़ रही थीं या ठस कर भरे थियेटर हाल में उसे पहली बार हृद्शूल का दौरा पड़ा तो इस तरह के वातावरण के प्रति मरीज के अंदर सोपाधिक प्रतिवर्त्त विकसित हो सकता है। इसका नतीजा यह होगा कि भविष्य में जब कभी भी वह इन परिस्थितियों में होगा, उसे हृद्शूल का दौरा पड़ सकता है।

बहुत सारे रोगियों में रोग का बढ़ना उद्दीपन की शक्ति पर नहीं बल्कि इस बात पर निर्भर करता है कि रोग का दौरा कितनी बार पड़ता है।

हृद्शूल के कारणों के बारे में जितनी भी बातें हमें पता हैं उनके आधार पर हम इस रोग की रोकथाम तथा उपचार के उचित उपाय चुन सकते हैं।

हृद्शूल की रोकथाम के लिए सबसे आवश्यक बात यह है कि मनुष्य को अपना शरीर मजबूत करना चाहिए, उसका सुव्यवस्थित रूप से विकास होना चाहिए अर्थात् उसके दिमागी तथा शारीरिक काम का संयोजन उचित होना चाहिए, बच्चों तथा किशोरों की शिक्षा-दीक्षा ठीक ढंग से होनी चाहिए तथा हर उम्र के लोगों को व्यायाम व खेलों में भाग लेना चाहिए। दफ्तर तथा घर के वातावरण से उन बातों का दूर करना भी आवश्यक होता है जो तंत्रिका तंत्र की कार्यविधि पर बुरा प्रभाव डालती हैं। काम और आराम का समन्वय न होने से, आसान काम

की जगह धीरे-धीरे मुश्किल काम की आदत न डालने पर, साथियों के साथ मिलकर काम करने की आदत न होने पर, विकृत अहंकार से तथा दूसरों द्वारा कमियाँ बताए जाने पर खीझने से तंत्रिका-तंत्र पर बुरा प्रभाव पड़ता है।

जैसाकि हम ऊपर बता चुके हैं हृदय की धमनियों का स्क्लेरोसिस अक्सर हृद्शूल को काफी बिगाड़ देता है इसलिए जो उपाय ऐथिरोस्क्लेरोसिस की रोकथाम के लिए अपनाए जाते हैं वे काफी हद तक हृद्शूल से भी बचाए रखते हैं।

हृद्शूल के रोगियों को उन सब बातों से बचकर रहना चाहिए, जिनसे इस रोग का दौरा पड़ता है : ठूंस-ठूंस कर खाना, तेज चलना, खास तौर पर जब सामने की ओर से बहुत ठंडी हवा आ रही हो, धूम्रपान, शराब आदि।

अगर मरीज के कामकाज की परिस्थितियाँ अनुकूल नहीं हैं या उसका काम कठिन शारीरिक परिश्रम या मानसिक तनाव के साथ संबंधित है तो इन परिस्थितियों का बदला परम आवश्यक है। कभी-कभी तो मरीज को थोड़े समय के लिए या हमेशा के लिए ऐसा काम छोड़ देने की सलाह देनी पड़ती है। फिर भी 'कठिन पेशे' को 'आसान पेशे' में बदलने के काम में जल्दी नहीं करनी चाहिए। प्रयोग ने यह दिखाया है कि अगर मनुष्य का काम उसकी पसंद का है, उसे उसकी आदत पड़ी हुई है तो काम चाहे कठिन ही क्यों न हो, उसे कोई ज्यादा परेशानी महसूस नहीं होती परंतु इसके विपरीत काम अगर नया है, उसकी आदत नहीं है तथा साथी भी नए हैं तो मनुष्य बहुत ज्यादा तनाव, ज्यादा दिक्कत महसूस करता है। रोगी के पेशे का चुनाव करते समय इस बात का ख्याल रखना चाहिए कि ऊपर बताई बातों का इलाज पर महत्त्वपूर्ण प्रभाव पड़ता है। अच्छा हो कि मरीज का दफ्तर उसके घर के नजदीक हो।

मनचिकित्सा से भी हृद्शूल का इलाज किया जा सकता है।

हम बता ही चुके हैं कि निद्रा संरक्षात्मक निरोध का कार्य करती है। अच्छी नींद से मस्तिष्क की कोशिकाओं की कार्यविधि सामान्य हो जाती है, बाह्य वातावरण तथा अन्य अंगों से मस्तिष्क तक पहुँच रहे हर प्रकार के उद्दीपन की उन पर उचित प्रतिक्रिया होती है। इसलिए मनुष्य को कम से कम 8 घंटे गहरी नींद लेनी चाहिए। इसके लिए कभी-कभी नींद की गोलियों तथा अन्य साधनों का प्रयोग करना पड़ता है। इस प्रकार की दवाइयों का चुनाव केवल एक डाक्टर ही कर सकता है क्योंकि रोगी की उच्च तंत्रिकीय क्रिया की विशेषतानुसार एक दवाई का विभिन्न मरीजों पर अलग-अलग असर हो सकता है। नींद से पहले ताजी हवा में घूमने से काफी फायदा होता है।

अतितान के रोग की तरह हृद्शूल के कई रोगियों का इलाज भी लंबी नींद

(10-12 घंटे) द्वारा किया जाता है।

जिन लोगों का पेशा ज्यादातर दिमागी काम के साथ संबंधित रहता है उन्हें लंबे अर्से के लिए दिमागी काम पूर्णतया छोड़ने के लिए नहीं कहना चाहिए। यह न भूलें कि शरीर के अंदर घट रही सभी प्रक्रियाओं पर नियंत्रण रखने के लिए तथा उसके अंदर रोग का मुकाबला करने की शक्ति कायम रखने के लिए कार्टेक्स को आवश्यकतानुसार कार्यगत रखना बहुत आवश्यक है।

हृद्शूल का दौरा पड़ने पर क्या करना चाहिए? सबसे पहले हृदय की पेशियों की ऐंठन दूर करने का प्रयास करना चाहिए। इस उद्देश्य से डाक्टर प्रायः नाइट्रोग्लिसरीन (जीभ के नीचे) या कोई अन्य तीव्र वाहिकाविस्फोरक औषधि लेने की सलाह देते हैं। इस दवाई को लेने के कुछ सेकेंड या कभी-कभी कुछ मिनट बाद दर्द खत्म हो जाता है। कुछ और दवाइयाँ भी हैं जिनका असर धीरे-धीरे पड़ता है पर रहता बहुत देर तक है। इस प्रकार की औषधियाँ डाक्टर दौरे के वक्त नहीं बल्कि लंबे इलाज के दौरान बताते हैं।

कुछ लोगों को हृद्शूल का दौरा अक्सर रात को पड़ता है तथा उस समय उनकी नब्ज का स्पंदन भी कम होता है (54-60 बार प्रति मिनट)। इससे यह साफ जाहिर होता है कि उनकी वेगस तंत्रिका हद से ज्यादा उद्दीपित हो गई है। इस दशा में डाक्टर लोग नाइट्रोग्लिसरीन की जगह बेलाडोना या एट्रोपीन लेने की सलाह देते हैं। ये दवाइयाँ वेगस तंत्रिका का उद्दीपन कम कर देती हैं जिसके फलस्वरूप नब्ज सामान्य हो जाती है तथा हृद्वाहिकाओं की ऐंठन दूर हो जाती है। कभी-कभी हृद्शूल से आंतों की पेशियों में भी ऐंठन आ जाती है (पेट में दर्द महसूस होता है)। इसको भी उक्त दवाइयों से दूर किया जाता है।

जिस समय मनुष्य क्षैतिज अवस्था में होता है, वेगस तंत्रिका का उद्दीपन हावी रहता है; ऊर्ध्वाधर अवस्था में अनुकंपी तंत्रिका का उद्दीपन बढ़ जाता है जिसकी वजह से नब्ज का स्पंदन बढ़ जाता है तथा हृद्वाहिकाओं की ऐंठन दूर हो जाती है। कुछ मरीज खुद ही इस बात को महसूस करते हैं : उनको अगर रात के वक्त दौरा पड़ता है तो वे बिस्तरे में बैठ जाते हैं, पैर नीचे करके बैठ जाते हैं या खड़े तक हो जाते हैं, इससे उन्हें काफी आराम मिलता है।

कुछ लोगों को हृद्शूल का दौरा उस समय पड़ता है जब वे चल-फिर रहे होते हैं। इस प्रकार के दौरों से बचने के लिए उन्हें कभी भी जल्दी नहीं करनी चाहिए। इसका मतलब यह है कि उनको इतना अधिक तेज नहीं चलना चाहिए कि उनके हृदय में दर्द होने लगे। यही नहीं, उनको सोचने के काम में भी जल्दी नहीं मचानी चाहिए। उनको किसी जगह पर देर से पहुँचने का बिल्कुल भी डर नहीं होना

चाहिए। अगर बहुत जरूरी हो तो उन्हें घर से थोड़ा पहले चल देना चाहिए।

सुबह आफिस जाने से पहले बहुत हल्का सा नाश्ता लेना चाहिए। अगर रास्ते में दर्द शुरू हो जाए तो तुरंत रुक जाना चाहिए और नाइट्रोग्लिसरीन ले लेनी चाहिए। दर्द पूरी तरह से हट जाने पर ही आगे जाना चाहिए। नाइट्रोग्लिसरीन लेने से डरना नहीं चाहिए। अगर इस दवाई से लाभ होता हो तो इसे कई बार लेना चाहिए—जीभ के नीचे 2 या 3 बूँदें। दर्द हट जाने से हृदय को अपनी कार्यविधि के लिए उपयुक्त परिस्थितियाँ मिल जाती हैं। कुछ लोगों को नाइट्रोग्लिसरीन माफिक नहीं आती, उनके सिर में दर्द होता है, चक्कर भी आ जाते हैं, तब डाक्टर लोग वालीडोल या अन्य औषधियाँ लेने की सलाह देते हैं।

मरीज को भोजन उचित समय पर करना चाहिए : भोजन कई बार करना चाहिए पर थोड़ी-थोड़ी मात्रा में। हर 3 या 4 घंटे बाद थोड़ा सा खाना ले लेना चाहिए। पेट भर कर हरगिज नहीं खाना चाहिए। द्रव की सीमित मात्रा लेनी चाहिए।

उन चीजों को नहीं खाना चाहिए जिससे पेट के अंदर गैस बनती हो। मोटापन की शिकायत होने पर आहार के नियमों का पूरी तरह से पालन करना चाहिए ('आहार' अध्याय पढ़िए)।

गर्म पानी से स्पंज, स्नान, चीड़ के कांटों के अर्क में स्नान तथा अन्य चिकित्साओं से भी हृद्शूल के रोगियों का इलाज किया जाता है।

गर्म पानी में पैरों की सिंकाई करने से भी छाती का दर्द दूर हो जाता है (पानी में अगर पिसी राई डाल दें तो और भी अच्छा रहेगा—आधी बाल्टी पानी में एक बड़ा चम्मच पिसी राई या सरसों) : पैरों को घुटने से नीचे तक पानी में डूबाते हैं। पिसी राई को कपड़े के टुकड़े पर लगाकर 10-12 मिनट के लिए हाथों पर, छाती के ऊपरी हिस्से तथा पसलियों के बीच लगाने से भी काफी फायदा होता है। पैरों और हाथों को वैसे भी गर्म रखना चाहिए, उन्हें ठंड से बचाना चाहिए। हाथों और पैरों को ठंड लगने से या ठूंस कर खाने से मरीज की तबीयत बिगड़ सकती है।

चिकित्सा या उपचार-व्यायाम के बारे में निम्न बातें कही जा सकती हैं : अगर ऐसा व्यायाम किया जाए जिसमें पेशीय तनाव कम हो तथा उसकी गति भी ज्यादा तेज न हो तो शरीर में कुछ ऐसे पदार्थ उत्पन्न होते हैं जो रुधिर-वाहिकाओं को फैला देते हैं जिसके फलस्वरूप हृदय के अंदर रुधिर-परिसंचरण सरलता से होने लगता है। इसी कारण कुछ मरीज यह महसूस करते हैं कि अगर वे अपनी चाल धीरे-धीरे तेज करते हैं तो उनकी छाती में दर्द नहीं होता। इस दौरान हृदय की वाहिकाएँ भी धीरे-धीरे पेशीय कार्य की अभ्यस्त हो जाती हैं। अगर एक अनुभवी

डाक्टर के निर्देशन में सावधानीपूर्वक उपचार-व्यायाम का अभ्यास किया जाए तो कुछ समय बाद दर्द काफी कम हो जाता है या पूर्णतया खत्म हो जाता है।

हृद्शूल के रोगियों के लिए ताजी हवा बहुत लाभदायक रहती है इससे उन्हें शुद्ध आक्सीजन मिलता है जो कि हृत्पेशियों के लिए उत्तम पोषक पदार्थ है। आक्सीजन अन्य पेशियों, तंत्रिका-तंत्र तथा सारे शरीर के लिए भी उपयोगी होता है।

अगर रोग आम तरीकों से ठीक नहीं होता तो कभी-कभी आपरेशन का भी सहारा लेना पड़ता है। आपरेशन द्वारा हृद्वाहिकाओं तथा हृद्वाहिकातंत्र की कार्यविधि पर नियंत्रण रखने वाले बहुसंख्यक तंत्रिकीय तंत्रों पर प्रतिवर्त्ती प्रभाव डाला जाता है (इसके बारे में आगे पढ़िए)।

अगर इलाज का तरीका ठीक हो तथा मरीज का पेशा अनुकूल हो तो हृद्शूल के इलाज में काफी सफलता प्राप्त की जा सकती है। दर्द अगर बहुत जोर से उठता है तथा अक्सर होता है, इलाज से यह बिल्कुल खत्म किया जा सकता है तथा मरीज की कार्यक्षमता लौटाई जा सकती है।

हृत्पेशी का रोग

(Myocardial Infarction)

हृदय की किसी भी धमनी की अवकाशिका के बंद हो जाने से हृत्पेशी का रोग हो जाता है। इसके परिणामस्वरूप हृत्पेशी के एक निश्चित भाग-मध्यहृद्स्तर-को रुधिर नहीं मिलता जिसके कारण बाद में वह हृदय की कार्यविधि में भाग लेना बंद कर देता है।

रुधिर के अभाव में पेशी का यह भाग धीरे-धीरे नर्म होता जाता है और फिर एक दाग़ का रूप ले लेता है। इस परिवर्तन में लगभग एक महीना लग जाता है। इस प्रकार स्थानीय, शारीरिक स्वास्थ्य लाभ की अवस्था आ जाती है। अगर रोग सीमित रहा है—हृत्पेशी का सूक्ष्म रोग, तो हृदय के संकुचन की क्षमता कायम रहती है परंतु बड़े रोग में दाग़ पेशी के दूसरे हिस्सों में फैल जाता है जिसके कारण हृदय की संकुचन क्षमता कुछ हद तक सीमित हो जाती है हालाँकि हृदय तब भी काफी लंबे अर्से तक ठीक तरह से काम करता रहता है।

हृदय की धमनी में अवरोध क्यों आ जाता है? अधिकांशतः वाहिका की अवकाशिका थक्के (गाढ़े रुधिर) की वजह से बंद हो जाती है। इस प्रकार के थक्के बनने के कई सारे कारण हो सकते हैं। इनमें से सबसे महत्त्वपूर्ण कारण ये हैं—रुधिर का स्कंदन अतितीव्रता से होता है, धमनी के आंतरिक आवरण में

रोगी परिवर्तन आ जाते हैं तथा रुधिर-प्रवाह या तो धीमा हो जाता है या बिल्कुल ही बंद हो जाता है।

जिस समय रुधिर में एक विशेष प्रोटीनयुक्त पदार्थ प्रोथ्रोम्बिन की मात्रा बढ़ जाती है यह पदार्थ रुधिर पट्टिकाणओं के अंदर स्थित होता है अर्थात् रुधिर-कणों के बीच घर्षण बढ़ जाता है, तब भी ऐसा ही होता है (उदाहरणतया, लाल रुधिर-कणों की बहुतायत होने पर)। रुधिर का स्कंदन दिन में कई बार बदलता है। कभी-कभी अनुचित आहार से, चर्बी वाली चीजों की अधिक मात्रा के प्रयोग से या ठीक समय पर भोजन न लेने से रुधिर का स्कंदन काफी तेज हो जाता है।

ऐथिरोस्क्लेरोसिस में हृदय की धमनी के आंतरिक आवरण में अक्सर काफी खुरदरापन आ जाता है जिसके कारण ऐथिरोस्क्लेरोटिक थिगलियों के ऊपर दीवारी थक्के जमा हो जाते हैं। थक्का धीरे-धीरे आकार में बढ़ता जाता है और हृदय की धमनी की अवकाशिका को बंद कर देता है। इस हालत में आदमी को हृत्पेशी के रोग का दौरा पड़ जाता है।

ऐथिरोस्क्लेरोसिस के कारण धमनी सिकुड़ते समय या धमनी में तंत्रिकीय ऐंठन आने पर (उदाहरणतया, हृद्शूल या अतिरक्तदाब के रोगियों में) रुधिर-प्रवाह या तो धीमा हो जाता है या बिल्कुल ही रुक जाता है। आमतौर पर जिस समय मरीज लेटा होता है उसके अंदर रुधिर-प्रवाह धीमी गति से होता है, खासतौर पर सोते समय, जब हृदय की धमनी को सिकोड़ने वाली वेगस-तंत्रिका हावी होती है। रुधिर-प्रवाह की गति मंद होने से तथा रुधिर-प्रवाह के कुछ समय के लिए बिल्कुल रुक जाने से रुधिर में विलीन पदार्थ ही तो थक्कों के निर्माण में आवश्यक सामग्री का काम करते हैं।

ऊपर बताए कारणों से हृत्पेशी का रोग अक्सर बुजुर्ग लोगों को होता है जो ऐथिरोस्क्लेरोसिस, हृद्शूल या अतितान के रोगी होते हैं। इन रोगियों में थक्के बनने की मुख्य वजह होती है—हृदय की धमनियों की प्रतिवर्ती ऐंठन। ऐसा तब होता है जब चलते समय रोगी की छाती पर ठंडी हवा के थपेड़े लगते हैं। शाम के समय ठूंस कर खाने से नींद के दौरान भी ऐसा हो जाता है (जठरांत्र तंत्र की प्रतिवर्ती क्रिया से)। तंत्रिक सदमे का भी ऐसा ही परिणाम होता है। अगर एक जवान आदमी की धमनियाँ पूर्णतया स्वस्थ हैं अर्थात् उसे ऐथिरोस्क्लेरोसिस नहीं है तो उसे हृत्पेशी का रोग होने की संभावना बहुत कम होती है चाहे उसके हृदय की किसी धमनी में ऐंठन आ जाने की वहज से रुधिर-प्रवाह काफी देर तक रुक भी जाए।

हृत्पेशी के रोग का सविस्तार वर्णन सबसे पहले दो रूसी डाक्टरों वा. ओब्राज्त्सोव (1845-1920) तथा नि. स्त्राझेस्को (1876-1952) ने किया। प्रायः यह रोग अचानक प्रकट हो जाता है, जब मनुष्य अपने को पूर्णतया स्वस्थ समझ रहा होता है। वास्तविकता में यह रोग शरीर तथा उसके हृदय पर पड़ रहे कुछ प्रतिकूल प्रभावों का अंतिम रूप होता है। न्यूरोसिस, अतितान तथा हृद्शूल का वर्णन करते समय हमने इन कारणों पर प्रकाश डाला है। इन रोगों के साथ अगर ऐथिरोस्क्लेरोसिस भी मिल जाए तो मरीज को हृत्पेशी का रोग हो सकता है।

ज्यादातर रोगियों को हृत्पेशी का रोग हृद्शूल के दौरे से हो जाता है (गंभीर तथा दीर्घकालिक दौरे से)। कुछ समय के लिए रोगी का तापमान बढ़ जाता है। रुधिर का परीक्षण करने पर उसके अंदर श्वेतकणों की संख्या अधिक मिलती है तथा लाल कणों के अवसादन में तीव्रता दिखाई देती है। इस रोग के अध्ययन में वैद्युत हृद्लेखन बहुत महत्त्व रखता है। वैद्युतहृद्लेख से इस बात का ठीक-ठीक पता चल जाता है कि हृत्पेशी का रोग है या नहीं। इसके साथ-साथ यह भी पता चल जाता है कि अवरोधन किस वाहिका में है, थक्के की मोटाई तथा गहराई क़ितनी है, रोगी किस हद तक स्वस्थ हो रहा है, आदि।

हृत्पेशी के रोग की रोकथाम के उपाय वही हैं जो न्यूरोसिस, अतितान, हृद्शूल तथा ऐथिरोस्क्लेरोसिस के हैं। जैसे, जो आहार ऐथिरोस्क्लेरोसिस से बचाए रखता है, वह हृत्पेशी के रोग से भी सुरक्षित रखता है। कुछ आँकड़ों से यह पता चला है कि जिन देशों में लोग कोलेस्टेरोलरहित वनस्पति आहार लेते हैं (जापान, स्पेन, चीन, अफगानिस्तान आदि), वहाँ हृत्पेशी के रोग बहुत कम दिखाई देते हैं।

चूँकि मनुष्य को हृत्पेशी का रोग अक्सर ठूंस कर खाने के बाद लेटने से होता है इसलिए 45-50 साल की उम्र के लोगों को दोपहर के खाने के बाद लेटना नहीं चाहिए, खासतौर पर अगर वे हृद्शूल के रोगी हैं। उन्हें रात का खाना सोने से कम से कम 4 घंटे पहले खाना चाहिए। उन्हें आहार के नियमों का सख्ती से पालन करना चाहिए तथा मोटापे से बचकर रहना चाहिए।

जो लोग हृद्शूल के रोगी हैं उन्हें सर्दियों के दिनों तेज हवा में बाहर नहीं निकलना चाहिए। उन्हें कठोर शारीरिक परिश्रम, हद से ज्यादा दिमागी काम से बचना चाहिए तथा फिक्र नहीं करनी चाहिए। उन्हें धूम्रपान बिल्कुल नहीं करना चाहिए। जिन लोगों को एक बार हृत्पेशी के रोग का दौरा पड़ चुका है उन्हें उक्त बातों का सख्ती से पालन करना चाहिए अन्यथा उन्हें फिर दौरा पड़ सकता है।

अगर वक्ष में तेज दर्द उठे तथा यह दर्द हाथों व गर्दन में फैल जाए तो तुरंत डाक्टर को बुलवा लें। डाक्टर की सलाहों का पूरी तरह से पालन करने

से, हिम्मत और विश्वास रखने से रोग नहीं बिगड़ता। रोगी के मित्र-संबंधी इस बात को हमेशा याद रखें।

इलाज के दौरान इन बातों का ख्याल रखना जरूरी है : रोगी का खाना चर्बीरहित तथा कोलेस्टेरोलरहित होना चाहिए, रोगी को हर बार थोड़ा-थोड़ा भोजन लेना चाहिए, उसे नींद अच्छी आनी चाहिए तथा उसमें धैर्य और आत्मविश्वास होना चाहिए। औषधियाँ कम महत्त्व रखती हैं। शुद्ध ऑक्सीजन में साँस लेने से भी काफी फायदा होता है।

आजकल बहुत सारी ऐसी दवाइयाँ हैं जिनसे रुधिर की स्कंदनक्षमता कम की जा सकती है जिससे थक्के भी कम बनते हैं। इन दवाइयों का प्रयोग रोग की रोकथाम तथा उपचार दोनों के लिए ही किया जाता है परंतु ऐसा तभी किया जाता है जब रोगी अस्पताल में रहता है क्योंकि उसके रुधिर का कई बार परीक्षण करना पड़ता है (रुधिर में प्रोथ्रोम्बिन की मात्रा ज्ञात करने के लिए)। ये दवाइयाँ लेने की सलाह तभी दी जाती है जब रुधिर में प्रोथ्रोम्बिन की मात्रा बढ़ जाती है।

जिस व्यक्ति को हृत्पेशी के रोग का दौरा पड़ चुका है, क्या उसे उपचार-व्यायाम की जरूरत है? जरूरत ही नहीं, उसके लिए उपचार व्यायाम परम आवश्यक है। विश्राम अवस्था तथा सीमित वातावरण के कारण मनुष्य के तंत्रिक-पेशीय तंत्र तथा हृद्वाहिका तंत्र की कार्यक्षमता कम हो जाती है, दिमागी तथा शारीरिक काम करने की आदत खत्म हो जाती है। शरीर कम शक्तिशाली हो जाता है तथा उसका अभ्यास काफी हद तक छूट जाता है। बामारी के ठीक होने से पहले उठने का प्रयास करने पर, हाथ पैर हिलाने की कोशिश करने पर, देर तक बातचीत करने से, जोर लगाने से इस कमजोरी का पता चल जाता है।

आज के जमाने में हृत्पेशी के रोग के दौरे के बाद इसके मरीज का इलाज उपचार-व्यायाम के बिना अधूरा रहता है। आरंभ में व्यायाम की क्रियाएँ सरलतम होनी चाहिएँ तथा तभी करनी चाहिए जब मरीज की तबीयत सुधरती दिखाई दे रही हो। व्यायाम कम से कम 3 हफ्ते बाद शुरू करना चाहिए तथा इसे धीरे-धीरे बढ़ाना चाहिए। यह व्यायाम श्वसन-क्रिया के साथ संबंधित होता है (5-7 अन्तःश्वसन तथा उच्छ्वश्वसन धीमी गति से तथा 2-3 मिनट के इंटरवैल से इन्हें 1 या 2 बार दोहराना)। कुछ समय बाद जब मरीज को इन व्यायाम क्रियाओं तथा पैदल सैर करने का अभ्यास हो जाता है शरीर की जैव शक्ति धीरे-धीरे पुनःस्थापित हो जाती है। जो व्यक्ति पहले मरीज दिखाई देता था, अब चुस्त और कार्यक्षम दिखाई देता है। इस अवस्था तक पहुँचने में 3 से 6 महीने तक का समय लग जाता है।

रोगी की अस्पताल से छुट्टी करने से पहले या घर पर उसका इलाज खत्म करने के बाद उसकी कार्यक्षमता की जाँच बहुत महत्त्व रखती है क्योंकि इसमें अक्सर काफी परिवर्तन आ जाते हैं। कई रोगी इस बात को कोई महत्त्व ही नहीं देते कि उन्हें खतरनाक रोग हो गया था। वे काम के बारे में किसी प्रकार का प्रतिबंध पसंद नहीं करते। इसके विपरीत कुछ लोग हृत्पेशी के रोग के हल्के से दौरे से ही बहुत घबरा जाते हैं हालाँकि उनकी कार्यक्षमता पर इसका जरा सा भी असर नहीं पड़ा। डाक्टर की सलाह मानने से, अपना तथा अपने पेशे का ठीक ख्याल रखने से मरीज को इस बात का ठीक-ठीक अंदाजा हो जाएगा कि उसकी दिनचर्या कैसी होनी चाहिए। इन्हीं बातों पर उसके स्वास्थ्य तथा कार्यक्षमता का भविष्य निर्भर करता है। हृत्पेशी के रोग का जल्दी पता चल जाने से, मरीज का उचित रूप से इलाज करने से तथा उसे उपयुक्त काम देने से इस रोग के उपचार में अब काफी सफलता मिल जाती है।

हृत्पात

(Heart-Failure)

हृत्पात तब होता है जब या तो मनुष्य के हृदय के कपाटों में कोई खराबी आ जाती है या उन रंध्रों में, जिन्हें ये कपाट बंद करते हैं। अक्सर यह रोग तब बढ़ता है जब कपाटों में शोथ आ जाता है (endocarditis)। कुछ लोगों के हृदय के कपाटों में रंध्रों को पूर्णतया बंद करने की क्षमता नहीं रहती, जिससे उन्हें हृत्पात हो जाता है। दूसरे लोगों में अलिंदों तथा निलयों के बीच वाले रंध्र या निलयों तथा उनसे निकलने वाली रुधिर वाहिकाओं (महाधमनी और फुप्फुस धमनी) के बीच वाले रंध्र तंग हो जाते हैं जिससे उनका रुधिर परिसंचरण बिगड़ जाता है तथा हृदय के विभिन्न अंग जरूरत से अधिक या कम शक्ति के साथ काम करते हैं।

कपाटों में खरबी आ जाने से हृदय की कार्यविधि में परिवर्तन आ जाता है। उदाहरणतया, बाएँ निलय के प्रकुंचन के दौरान अगर रोगी द्विपटक कपाट अलिंद-निलयी रंध्र बंद नहीं कर पाता तब रुधिर केवल महाधमनी में ही नहीं प्रवाहित होता, बल्कि उसका एक भाग कपाट की झिरी के रास्ते अलिंद में वापस लौट आता है। अतिरिक्त रुधिर प्राप्त कर बायाँ अलिंद फैल जाता है, उसकी पेशीय दीवारें अपनी कार्यविधि तेज कर देती हैं तथा मोटी हो जाती हैं। इसके परिणामस्वरूप अलिंद रुधिर की अतिरिक्त मात्रा से छुटकारा पा लेता है अर्थात्

जिस समय बायाँ निलय विश्राम कर रहा होता है, अलिंद का सारा रुधिर उसके अंदर आ जाता है। इस प्रकार किसी भी जगह पर रुधिर का जमाव नहीं हो पाता तथा हृदय रुधिर-परिसंचरण के नए क्रम का आदी बन जाता है। इस प्रकार हृत्पात की कमी बाएँ अलिंद के अतिरिक्त काम से हो जाती है।

इस प्रकार के कई सारे प्रतिकार-तंत्र होते हैं जिनकी वजह से बहुत सारे रोगियों के रुधिर-परिसंचरण में कोई खराबी दिखाई नहीं देती। काफी अर्से तक उनकी कार्यक्षमता बनी रहती है। रोग की इस अवस्था को प्रतिकारी हृत्पात (compensated heart failure) कहते हैं।

लेकिन कई बार ऐसा भी होता है कि रोगी के हृदय के कपाट तथा पेशियों की दशा बिगड़ती जाती है, उधर रोगी अपनी दिनचर्या भी ठीक नहीं रखता है या कोई संक्रामक रोग हृत्पात से मिल जाता है तथा इन तंत्रों व सारे शरीर में हृत्पात के कारण रुधिर-परिसंचरण में उत्पन्न क्षति की पूर्ति करने की क्षमता नहीं रहती है। इस अवस्था को विप्रतिकारी हृत्पात (decompensated heart failure) कहते हैं। मरीज हाँपने लगता है तथा उसकी त्वचा नीली पड़ जाती है क्योंकि ऊतकों को पर्याप्त आक्सीजन नहीं मिलती। हृदय का संकुचन बढ़ जाता है, टांगें तथा शरीर के अन्य अंग सूज जाते हैं तथा पेशाब कम आता है। इन सब बातों का कारण होता है—रुधिर-परिसंचरण में अनियमितता। इनके कारण रोगी की कार्यक्षमता बिगड़ जाती है।

हृत्पात के क्या कारण हैं?

हृत्पात प्रायः गठिए (rheumatism) के कारण होता है। इस बात की खोज सबसे पहले 100 से भी ज्यादा साल पहले एक साथ दो डाक्टरों ने की थी; वे थे—रूसी डाक्टर ग. साकोल्स्की तथा फ्रेंच डाक्टर बुईयो। सजर्म अंतर्हृद्शोथ (septic endocarditis) के बाद भी हृत्पात हो सकता है। इस अवस्था में रुधिर में रोगाणु प्रवेश कर जाते हैं तथा शरीर की प्रतिरोधक्षमता कम हो जाती है। ऐथिरोस्क्लेरोसिस तथा हृद्वाहिका तंत्र के उपदंश (syphilis) से भी हृत्पात हो सकता है। कई बार हृत्पात तब हो जाता है जब भ्रूण माँ के गर्भ में होता है, इसे जन्मजात हृत्पात (congenital heart failure) कहते हैं। हालाँकि ऐसा बहुत कम अवसरों पर होता है।

हृदय का गठिया। गठिए के रोग का पूरे शरीर पर ही बुरा असर पड़ता है, परंतु हृदय पर इसका विशेष रूप से बुरा प्रभाव पड़ता है, इससे हृदय के आंतरिक, पेशीय तथा बाह्य आवरण रोगग्रस्त हो जाते हैं (endocardium, myocardium and pericardium) । इससे अक्सर जोड़ भी रोगग्रस्त हो जाते हैं, रोग एक

जोड़ से दूसरे जोड़ में आ जाता है। इसी कारण पुराने जमाने में इस रोग को स्थानांतरी गठिया (shifting or flying rheumatism) कहते थे। कभी-कभी गठिया मस्तिष्क की तंत्रिक कोशिकाओं को भी रोगग्रस्त बना देता है तब अक्सर माइनर कोरिआ (minor chorea) हो जाता है। यह रोग ज्यादातर बच्चों को होता है तथा इसके लक्षण ये हैं कि बच्चे के हाथों, पैरों, जबान व अन्य अंगों की गति में खराबी आ जाती है।

गठिए का रोग होने से शुरू में अक्सर शरीर के अंदर किसी भी जगह पर एक संक्रामक केन्द्र का निर्माण हो जाता है जो बहुत दिनों तक उसके अंदर घर बनाए रखता है, उदाहरणतया, मुँह के अंदर (टॉन्सिल या दांतों की बीमारी में) या अन्य अंगों के अंदर तथा हमेशा दिखाई नहीं देता है। यह मूल संक्रामक केन्द्र शरीर पर (विशेषतः उसके तंत्रिक व हृद्वाहिका-तंत्र तथा संयोजन ऊतकों पर) बुरा प्रभाव डालता है, उसकी संवेदनशीलता तथा प्रतिकारिता बढ़ा देता है। इस अवस्था को प्रत्यूर्जता (एलेर्जी) अवस्था कहते हैं। अगर प्रत्यूर्जता अवस्था के दौरान शरीर के अंदर कोई नया संक्रामक केंद्र उत्पन्न हो जाता है या पुराना भयंकर रूप ले लेता है तथा उसे तंत्रिक सदमा पहुँचता है अथवा बहुत ज्यादा ठंड लग जाती है तो उसे गठिए का दौरा पड़ सकता है। अधिकांश अनुसंधाता स्ट्रेप्टोकोकी (streptococci) नामक रोगाणु को मूल संक्रामक केंद्र का मुख्य कारण समझते हैं। अभी तक यह स्पष्ट नहीं हुआ है कि ये रोगाणु अकेले ही गठिया के उत्तेजक हैं या कुछ और रोगाणु भी इस रोग को पैदा करते हैं।

बहुत सारे रोगियों में यह बीमारी इस प्रकार बढ़ती है। ऐंजीना या ऊर्ध्व-श्वसन-पथ की बीमारी के कुछ दिनों या हफ्तों बाद कोई भी बड़ा जोड़ रोगग्रस्त हो जाता है, उसके बाद दूसरा आदि। रोगी के शरीर का तापमान बढ़ जाता है, रोगी की दशा बिगड़ जाती है, खासतौर पर जोड़ों में बहुत जोर से दर्द होता है जिसके कारण वह हिलने-जुलने में असमर्थ हो जाता है। डाक्टर की निगरानी में सोडियम सैलिसिलैट की बड़ी मात्रा लेने से या अन्य उपयुक्त दवाई खाने से 2-3 हफ्ते में रोगी की दशा काफी सुधर सकती है तथा उसके जोड़ों का दर्द भी दूर हो जाता है।

लेकिन अक्सर ऐसा होता है कि रोगी केवल आंशिक रूप से स्वस्थ हो पाता है। जोड़ों का दर्द दूर हो जाता है, तापमान कम तो हो जाता है पर सामान्य नहीं होता। रोगी को धड़कन की शिकायत रहती है, उसे बेचैनी महसूस होती है, तथा कभी-कभी उसके हृदय में दर्द भी उठता है। अगर रोगी का हृदय सुना जाए तो उसके अंदर शोर सुनाई देता है। रोगी की नब्ज भी ठीक नहीं चल रही

होती। ये सब खराबियाँ यह बताती हैं कि रोगी के हृदय के आंतरिक तथा पेशीय आवरण को गठिया हो गया (endocarditis and myocarditis) ।

कभी-कभी ज्यादा बीमार रोगियों के हृदय का बाह्य (rheumatic pericarditis) आवरण खराब हो जाता है। इसे हृदावरण का गठिया कहते हैं। यह ज्यादातर बच्चों के साथ होता है।

हृदावरण का शोथ बहुत जल्दी हट जाता है; हृत्पेशी शोथ (myocardium) भी धीरे-धीरे ठीक हो जाता है, परंतु हृदय के आन्तरिक आवरण का शोथ बहुत लंबे अर्से तक रोगी का पीछा नहीं छोड़ता (2 से 4 महीने तक)। आन्तरिक आवरण के शोथ में हृदय के कपाटों में अक्सर वे परिवर्तन आ जाते हैं जिनका हम ऊपर वर्णन कर चुके हैं। इसका परिणाम यह होता है कि रोगी को हृत्पात हो जाता है।

गठिए के प्रथम दौरे के फलस्वरूप जो हृत्पात होता है उसका अक्सर रोगी के रुधिर-परिसंचरण पर कोई असर नहीं पड़ता और रोगी की कार्यक्षमता भी कायम रहती है। परंतु दुर्भाग्य की बात तो यह है कि इसके बाद रोगी को बार-बार गठिए के दौरे पड़ते हैं (खासतौर पर तब, जब वह डाक्टर की बातें नहीं मानता है) तथा हर दौरे से हृत्पात अधिक गंभीर रूप लेता जाता है। अगर हृत्पात विप्रतिकारी होता है तो रोगी की कार्यक्षमता काफी हद तक कम हो जाती है।

इस बात की जानकारी बहुत महत्त्वपूर्ण है कि अगर अस्पताल में डटकर गठिए का इलाज किया जाए (या घर पर डाक्टर की निगरानी में) तथा इस बात का भरसक प्रयास किया जाए कि रोगी को दुबारा दौरा न पड़े तो रोग काफी हल्का हो जाता है तथा रोगी की कार्यक्षमता काफी लंबे अर्से तक कायम रहती है।

कभी-कभी ऐसा होता है कि न तो रोगी के माता-पिता को और न ही उसे यह याद रहता है कि कभी पहले उसे गठिया हुआ था। पहले कभी न तो उसके जोड़ों में कोई खराबी आई थी और न कभी उसके हृदय में दर्द उठा था, हालाँकि जब किसी दूसरी बीमारी के सिलसिले में डाक्टर उसकी जाँच करता है तो उसे रोगी में प्रतिकारी हृत्पात दिखाई देता है। इस 'खोज' से यह पता चलता है कि किसी जमाने में रोगी को गठिए का दौरा (जोड़ों के दर्द के बिना) पड़ा था। ध्यान से पूछने पर रोगी ने बताया कि उसे कई बार ऐंजीना हुआ था, कई बार उसे फ्लू बताया गया था, जब एक-दो हफ्ते तक उसके शरीर का तापमान थोड़ा ज्यादा चल रहा था (वास्तविकता में उन दिनों उसे फ्लू नहीं था उसे तो हृदय के आंतरिक आवरण का शोथ था जो गंभीर रूप ले चुका था)।

पूर्णतया प्रतिकारी हृत्पात में किसी प्रकार के इलाज की जरूरत नहीं होती है। इसके रोगी स्वस्थ लोगों की तरह हर चीज खा-पी सकते हैं।

हृत्पात के रोगियों को खेलकूद की प्रतियोगिताओं में भाग लेने की सख्त मनाही होती है। हालाँकि कुछ ऐसे लोग भी हुए हैं जो पूर्णतया प्रतिकारी हृत्पात (द्विपटक कपाट या महाधमनी के कपाटों की खराबी) होने पर भी न केवल व्यायाम करते थे बल्कि व्यायाम के शिक्षक भी थे तथा विश्व चैम्पियन की पदवी तक प्राप्त कर बैठे थे। इस पुस्तक के लेखक ने बहुत लंबे अर्से तक (10 से भी ज्यादा साल तक) एक ऐसे मरीज का अध्ययन किया जो 18 साल की उम्र में जख्मी हो गया था : बंदूक की एक गोली उसके हृदय के द्विपटक कपाट को चीरती हुई बाएँ अलिंद तथा बाएँ निलय के बीच वाली हृत्पेशी में घुस गई थी। हालत गंभीर होते हुए भी (आघातपूर्ण हृत्पात तथा हृत्पेशी में गोली की मौजूदगी) 3 महीने बाद जब मरीज की अस्पताल से छुट्टी की गई तो वह पूर्णतया स्वस्थ हो चुका था तथा घर पर व दफ्तर में सामान्य शारीरिक परिश्रम करने लग पड़ा था। शरीर में कितनी अधिक क्षमता होती है कि वह हृदय में उत्पन्न गंभीर से गंभीर क्षति को पूर्ण कर सकता है, विशेष रूप से युवा अवस्था में।

प्रतिकारी हृत्पात में डाक्टर की मर्जी से व्यायाम करने तथा सरल खेलों में भाग लेने की केवल इज़ाजत ही नहीं होती बल्कि सलाह भी दी जाती है। इनके बल पर शरीर मजबूत होता है तथा उसकी बीमारियों का सामना करने की शक्ति बढ़ती है, विशेषतः गठिया के रोग का मुकाबला करने की।

अधिकांशतया हृत्पात गठिए की वजह से होता है इसी कारण हृत्पात की रोकथाम में सबसे ज्यादा महत्त्व गठिए से बचने के उपायों का होता है।

गठिया मनुष्य के स्वास्थ्य को बहुत ही ज्यादा हानि पहुँचाता है। विश्व भर में इस रोग का मुकाबला किया जा रहा है परंतु इस उद्देश्य में अभी तक सफलता प्राप्त नहीं हुई है तथा लाखों लोग गठिए वाले हृत्पात से पीड़ित रहते हैं।

गठिया ज्यादातर बच्चों को होता है। इसलिए बच्चों के डाक्टरों तथा उन लोगों को, जिनका काम बच्चों के स्वास्थ्य की रक्षा करना है, गठिए के कारणों तथा इसके इलाज के उपायों की पूर्ण जानकारी होनी चाहिए। माता-पिता, अध्यापकों तथा सामाजिक संस्थाओं—सबको मिलकर गठिए की बीमारी का मुकाबला करना चाहिए। यह रोग हमारे हृदय का सबसे खतरनाक शत्रु है। इस बात का अवश्य ध्यान रखें कि इलाज के दौरान रोगी डाक्टर की सारी बातों का सख्ती से पालन करे।

गठिए का इलाज सोडियम सैलिसिलैट की बड़ी-बड़ी खुराकों तथा अन्य दवाइयों द्वारा किया जाता है। रोगी की प्रकृतिनुसार डाक्टर फैसला करता है कि उसे कौन सी दवाई खानी चाहिए।

गठिए के इलाज को हृत्पात की रोकथाम की विलंबित अवस्था कहा जा सकता है। गठिया-हृत्पात की रोकथाम के पहले उपाय अपनाने से मनुष्य इस रोग से बच जाता है। इन उपायों में सबसे महत्त्वपूर्ण उपाय यह है कि अगर शरीर के अंदर चिरकारी संक्रामक केंद्र उपस्थित हैं तो उनका डट कर इलाज किया जाए। रोगी को अगर टॉन्सिल की शिकायत रहती है तो उसे नियमित रूप से इसका अवश्य इलाज कराते रहना चाहिए और अगर डाक्टर आपरेशन की सलाह दे तो उसकी बात मान लेनी चाहिए।

शरीर को ठंड का आदी बनाना चाहिए। इसके लिए सारे जिस्म को ठंडे पानी से स्पंज-स्नान कराना चाहिए। टांगों, गले, ठीक कहें तो ऊर्ध्व श्वसन पथ को मजबूत बनाने के लिए गर्दन तथा टाँगों पर ठंडे पानी में भीगा स्पंज करना चाहिए। (परंतु ऐसा अभ्यास केवल स्वस्थ लोगों को ही करना चाहिए)। हमेशा नाक से सांस लेनी चाहिए। ठंडे मौसम में सड़क पर चलते समय इस बात का विशेष रूप से ध्यान रखना चाहिए। अगर नाक से सांस लेने में दिक्कत महसूस होती हो तो विशेषज्ञ (ENT specialist) को दिखाकर नाक की खराबी को दूर कराना चाहिए।

रोगियों को इस बात की जानकारी होनी चाहिए कि गठिया के अलक्षित साधारण से दौरे से (जोड़ों तथा पेशियों में हल्का सा दर्द रहता हो) प्रतिकारी हृत्पात प्रायः विप्रतिकारी हृत्पात में बदल जाता है। ऐसा होने पर तुरंत डाक्टर के पास जाना चाहिए।

अगर रोगी के रुधिर-परिसंचरण में कुछ ज्यादा अनियमितता आ गई है तो उसे विशेष प्रकार का आहार लेना चाहिए। डाक्टर की सलाह के मुताबिक 24 घंटे में 0.8-1 लीटर से ज्यादा द्रव की मात्रा नहीं लेनी चाहिए (सूप, चाय, दूध आदि मिलाकर)। कभी-कभी इससे भी कम मात्रा में द्रव लेने को कहा जाता है। नमकीन चीजों के सेवन की बिल्कुल मनाही होती है। द्रव की बहुत अधिक मात्रा से हृदय पर बहुत जोर पड़ता है तथा नमक द्रव को शरीर के अंदर रोके रखता है जिससे जल-स्फीति बढ़ जाती है।

रोगी को वे चीजें नहीं खानी चाहिएँ जिनसे गैस बन जाती हो तथा पेट फूल जाता हो (ताजी गोभी, मटर, चने की दाल आदि)। गुर्दे अगर स्वस्थ हैं तो माँस खाया जा सकता है क्योंकि शरीर तथा हृत्पेशी को प्रोटीन की पर्याप्त मात्रा

की आवश्यकता रहती है। दही से काफी लाभ होता है। यह यकृत पर अच्छा प्रभाव डालती है तथा मूत्र-उत्सर्जन बढ़ाती है। बिना छीले आलू तथा सेब भी मूत्र-उत्सर्जन में सहायक सिद्ध होते हैं।

रोगी को भोजन कई बार लेना चाहिए पर थोड़ी-थोड़ी मात्रा में।

शुद्ध ऑक्सीजन में साँस लेने से बहुत लाभ होता है : ऑक्सीजन से केवल साँस फूलने की समस्या ही दूर नहीं होती, बल्कि रुधिर-परिसंचरण की खराबी के कारण आक्सीकारक प्रक्रियाओं में उत्पन्न अनियमितता भी दूर हो जाती है। ऑक्सीजन का सारे शरीर पर काफी अनुकूल प्रभाव पड़ता है।

आमतौर पर रुधिर-परिसंचरण में बहुत ज्यादा अनियमितता आ जाने पर भी इलाज से रोगी की हालत काफी सुधारी जा सकती है तथा वह काम पर जाने के योग्य हो जाता है (इन परिस्थितियों में मरीज को अक्सर हल्का काम दिया जाता है)। हृत्पात के ठीक होने के बाद डाक्टर से पूछकर उसकी निगरानी में सावधानीपूर्वक नियमित रूप से उपचार-व्यायाम का अभ्यास करने से काफी फायदा होता है।

परंतु कई बार ऐसा होता है कि हृत्पात की क्षतिपूर्त्ति करने में काफी मुश्किल आती है : रोगी की कार्यक्षमता लौटाने में आवश्यकता से अधिक समय लगता है विशेषतः जिन लोगों का पेशा शारीरिक परिश्रम के साथ संबंधित होता है। कभी-कभी रोगी को कुछ समय के लिए काम ही छोड़ देना पड़ता है। उसकी आयु भी कम हो जाती है। उस आदमी के मुकाबले में, जिसे यह रोग बिल्कुल नहीं है, हृत्पात के रोगी के लिए अपने हृदय को बचाकर रखना ज्यादा मुश्किल है। बहुत समय तक ऐसी स्थिति बनी रही। परंतु आज सोवियत संघ के बहुत सारे क्लीनिकों तथा अस्पतालों में आपरेशन द्वारा हृत्पात का सफलतापूर्वक इलाज किया जाता है। सुप्रसिद्ध सोवियत सर्जनों अकादमीशियन आ. बाकूलेव, आ. विशनेव्स्की, बो. पेत्रोव्स्की ने इस दिशा में पथप्रदर्शक की भूमिका निभाई, इन लोगों ने सर्वप्रथम हृत्पात का इलाज आपरेशन द्वारा किया। सर्जन लोग अक्सर विशेष उपकरणों द्वारा शरीर का तापमान निम्न रखकर कृत्रिम रुधिर-परिसंचरण विधि का प्रयोग करते हैं। इस विधि के प्रयोग से सर्जन रोगी से विलगित उसके 'शुष्क' हृदय का शांतिपूर्वक आपरेशन कर पाता है (1=2 घंटों के अंदर)। तापमान निम्न होने की वजह से द्रव्य विनिमय बहुत मंद हो जाता है तथा सभी अंगों (हृदय सहित) और ऊतकों में बिना किसी हानि के रुधिर-परिसंचरण का अभाव काफी देर तक सहने की क्षमता बनी रहती है। इस विधि का प्रयोग मिश्रित हृत्पात (combined heart failure) के आपरेशन में बहुत जरूरी होता है क्योंकि ऐसा

रोग प्रायः जन्मजात हृत्पात के कारण होता है। हृदय के रंध्रों के संकोचन (stenosis) के आपरेशन में विशेष सफलताएँ प्राप्त हुई हैं।

'शुद्ध' द्विकपर्दी संकोचन (`pure' mitral stenosis) के आपरेशन से क्या परिणाम मिले हैं? कई हजार रोगियों पर किए आपरेशनों से यह पता चलता है कि सोवियत संघ में 92.9% हृत्पात आपरेशन सफल रहे हैं। देश के प्रमुख अस्पतालों में सफल आपरेशनों की प्रतिशत संख्या 98.5 तथा 95.1 के बीच रहती है अर्थात् दूसरे आपरेशनों के मुकाबले हृत्पात आपरेशन ज्यादा सफल रहते हैं।

आपरेशन के 5 साल बाद इन रोगियों का क्या हाल होगा ? 60% रोगी पूर्णतया स्वस्थ रहते हैं। उनकी कार्यक्षमता लगभग पूर्णतया स्थापित आ जाती है। 25-30% रोगी आपरेशन के बाद पहले से काफी अच्छा महसूस करते हैं। केवल 7-8% ऐसे रोगी होते हैं जिनको आपरेशन से कोई लाभ नहीं होता। इस प्रकार हृदय के आपरेशन से ज्यादातर रोगियों का हृदय सुरक्षित ही नहीं रहता, बल्कि उसका नवीकरण भी हो जाता है। आधुनिक चिकित्सा की यह बहुत बड़ी उपलब्धि है।

आजकल जटिल तथा मिश्रित हृत्पात के आपरेशनों में भी आशाजनक सफलता प्राप्त हो रही है।

जन्मजात हृत्पात

(Congenital Heart Failure)

जन्मजात हृत्पात का आपरेशन द्वारा इलाज चिकित्सा-विज्ञान की आधुनिक तथा महानतम उपलब्धि है। कुछ समय पहले उन नवजात शिशुओं का इलाज असंभव था जिन्हें यह रोग माँ के गर्भ में ही हो जाता था।

माँ के गर्भ में शिशुओं को हृत्पात तथा हृदय के अन्य रोग (ऐसे रोग अक्सर कम ही होते हैं, अतः हम उनका वर्णन नहीं कर रहे हैं) क्यों हो जाते हैं।

जन्मजात हृत्पात के बहुत सारे कारण होते हैं। इनमें से कुछ कारण ये हैं : माँ के अंदर विटामिनों की चिरकालिक कमी होना, गर्भावस्था के आरंभिक काल में माँ को विषाणु संक्रामक रोग लग जाना, शराब के नशे के दौरान गर्भवती हो जाना, विघटनाभिक विकिरण (radio-active radiation) से प्रभावित हो जाना (हिरोशिमा तथा नागासाकी की दुखदः घटनाओं के परिणाम), आन्तरिक हृदावरण शोथ (intra-uterine endocarditis) हो जाना आदि।

जन्मजात हृत्पात अकेला कम ही होता है। यह अक्सर हृदय के किसी दूसरे

रोग के साथ होता है (combined type)। जन्मजात हृत्पात के कई रूप होते हैं। जिस हृत्पात में श्यावता (cyanosis) के लक्षण प्रकट हो जाते हैं। ऊतकों को आक्सीजन ठीक तरह से न मिलने के कारण उंगलियाँ, तलुवे, होंठ तथा गाल नीले पड़ जाते हैं (blue disease), इसमें रोगी बच्चे के विकास तथा वृद्धि को भारी खतरा बना रहता है। कभी-कभी जन्मजात हृत्पात का कई सालों तक पता ही नहीं चलता। परंतु जिन बच्चों को जन्मजात हृत्पात होता है वे शारीरिक तथा मानसिक विकास में पीछे रह जाते हैं। हम ऊपर बता ही चुके हैं कि आधुनिक शल्य-चिकित्सा ही सर्वाधिक महानतम उपलब्धियों में से एक है—जन्मजात हृत्पात का आपरेशन, जिसके फलस्वरूप इन बच्चों का भविष्य मूलतः बदल गया है।

हृत्पेशी (मध्यहृत्स्तर) के रोग

(Diseases of the Heart Musele)

हृत्पेशी का दुष्पोषण (dystrophy) ऐसे आरंभिक परिवर्तन को कहते हैं जब हृदय की पेशी में किसी भी प्रकार के अनुत्क्रमणीय परिवर्तन नहीं घटते हैं केवल सामान्य रसायनिक प्रक्रियाओं में कुछ अनियमितता आ जाती है। हृत्पेशी का दुष्पोषण कोई रोग नहीं होता है, यह किसी रोग के साथ हो सकता है, उदाहरणतया, अल्परक्तता, अंतःस्रावी ग्रंथियों के कुछ रोगों (जैसे, बसेडो रोग), मोटेपन, क्षीणता, संक्रामक रोगों, गुर्दों के शोथ तथा यकृत के रोगों के साथ। इन सब रोगों की रोकथाम तथा उपचार से हृत्पेशी के दुष्पोषण से भी बचाव हो जाता है।

हृत्पेशी के दुष्पोषण की आरंभिक अवस्था में रोगी कोई विशेष परेशानी नहीं महसूस करता है तथा उसकी कार्यक्षमता भी बनी रहती है।

अल्परक्तता तथा क्षीणता के रोगियों में हृत्पेशी की कमजोरी का कारण यह होता है कि सारे शरीर की, विशेष रूप से हृदय की पेशी का पोषण ठीक तरह से नहीं होता है (ऑक्सीजन की भूख)। इसके परिणामस्वरूप रोगी को कमजोरी महसूस होने लगती है, चलते-फिरते समय उसकी सांस फूलने लगती है तथा उसके हृदय की धड़कन तेज हो जाती है। ऐस्कार्बिक अम्ल वाली लोहयुक्त दवाई (विटामिन C) खाने से, सब्जियाँ तथा फलों के सेवन से और खूब आराम तथा घूमने-फिरने से हृत्पेशी मजबूत बन जाती है।

रोहिणी (diphtheria), तंद्रिक ज्वर (typhus) (विशेषतया, टाइफाइड बुखार), गठिए, लोहित ज्वर (scarlet fever) , भयंकर फ्लू तथा अन्य संक्रामक रोगों से हृत्पेशी शोथ (myocarditis) हो सकता है। रोगी की दशा धीरे-धीरे

सुधरती है तथा कुछ समय तक उसके अंदर हृद्-क्षीणता (cardiac weakness) के लक्षण मौजूद रहते हैं। हृत्पेशी शोथ का इलाज अस्पताल में किया जाता है। रोगी को चलने-फिरन की सख्त मनाही होती है।

संक्रामक रोगों की रोकथाम के उपाय अपनाने से संक्रामक हृत्पेशी शोथ की रोकथाम में काफी सहायता मिलती है।

अगर हृत्पेशी का रोग चिरकालिक है तो पेशी के विभिन्न रेशे धीरे-धीरे स्कार ऊतक (scar tissue) का रूप ले लेते हैं जो संकुचन के अयोग्य होता है। इसलिए जैसे-जैसे हृत्पेशी में स्कार ऊतकों की संख्या बढ़ती जाती है वैसे-वैसे उसकी कार्यक्षमता घटती जाती है।

हृत्पेशी का लंबे अर्से तक दुष्पोषण (कई सालों तक) होने से, संक्रामक रोगों से, मद्यपान तथा अन्य प्रकार के जहरों से तथा हृदय की छोटी धमनियों के ऐथिरोस्क्लेरोसिस से हृदय की पेशी में स्कार ऊतक बन सकते हैं। जीवाणु के विष तथा अन्य प्रकार के विषों का पेशी के रेशे पर सीधा बुरा असर होता है। ऐथिरोस्क्लेरोसिस का हृत्पेशी पर बुरा असर पड़ता है क्योंकि हृदय की धमनियों के सिकुड़ जाने से या बहुत लंबे अर्से तक उनमें ऐंठन आ जाने से हृदय की पेशी को रुधिर कम मात्रा में मिलता है (इसके फलस्वरूप उसे ऑक्सीजन की भी कम मात्रा प्राप्त होती है)। हृत्पेशी शोथ अक्सर बुजुर्ग लोगों को हाता है तथा रोग बहुत धीरे-धीरे बढ़ता है (कई सालों में)। बहुत लंबे अर्से तक रोगी के रुधिर-परिसंचरण में किसी भी तरह की अनियमितता नहीं आती।

हृदय की पेशी को स्कार ऊतकों से सुरक्षित रखने के लिए अल्परक्तता तथा अन्य सभी रोगों का ठीक समय पर इलाज करवाना चाहिए क्योंकि ये रोग हृत्पेशी के दुष्पोषण के जन्मजात होते हैं। ऐथिरोस्क्लेरोसिस का इलाज करवाना चाहिए, उचित आहार लेना चाहिए, व्यायाम करना चाहिए तथा मद्यमान और धूम्रपान छोड़ देना चाहिए।

हृदावरण के रोग

(Diseases of the Pericardium)

हृदावरण का शोथ हो जाने से इसके स्तरों की सतह खुरदरी हो जाती है। हृदय के संकुचन के समय इन स्तरों के एक-दूसरे के साथ रगड़ने से शोर सा उत्पन्न होता है। डाक्टर अगर रोगी के हृदय का परीक्षण करे तो उसे यह शोर सुनाई दे सकता है। इसके कारण रोगी को हृदय के आसपास दर्द महसूस होता है।

इसे शुष्क पेरिकार्डिटिस कहते हैं। यह या तो बहुत जल्दी गायब हो जाता है या निःस्रावी पेरिकार्डिटिस (exudative pericarditis) में बदल जाता है : हृदावरण के अंदर द्रव (निःस्राव) जमा हो जाता है जो हृदय के कार्य में बाधा डालता है। इस द्रव को इलाज से शोषित किया जा सकता है। अगर हृदावरण में द्रव की बहुत ही ज्यादा मात्रा एकत्रित हो जाती है तो विशेष उपकरणों की सहायता से इसे बाहर निकालना पड़ता है।

पेरिकार्डिटिस का रोग अकेला बहुत कम होता है। यह रोग गठिए, तपेदिक, सेप्टिसीमिया तथा अन्य कई रोगों के साथ पैदा हो सकता है। इन रोगों की रोकथाम के उपाय पेरिकार्डिटिस से भी बचाए रखते हैं। इस रोग का इलाज हमेशा अस्पताल में किया जाता है।

उपसंहार

पुस्तक समाप्त करते हुए हम एक बार फिर इस बात को दोहराएंगे कि मनुष्य का स्वास्थ्य, उसकी आयु तथा कार्यक्षमता दीर्घकालीन तभी होंगी जब वह विभिन्न रोगों की रोकथाम के उपायों का ठीक तरह से पालन करेगा तथा स्वास्थ्य के मामले से पूरी सावधानी बरतेगा।

पुराने जमाने से एक कहावत चली आ रही है "स्वस्थ शरीर के अंदर आत्मा भी स्वस्थ होती है"। जीवन के हर कार्य में उच्च तंत्रिकीय क्रिया के महत्त्व को देखते हुए इस कहावत को निम्न शब्दों द्वारा पूरा किया जा सकता है: "स्वस्थ आत्मा सारे शरीर के स्वास्थ्य की रक्षा करती है।" डाक्टर लोग जब भी हृदवाहिका तंत्र की मजबूती तथा इसके रोगों की रोकथाम के उपाय सोचते हैं तो वे केवल हृदय तथा रुधिर वाहिकाओं की कार्यगति पर ही ध्यान नहीं देते। सबसे पहले वे यह देखते हैं कि रोगी की तंत्रिका तंत्र किस प्रकार कार्य कर रहा है।

बचपन से लेकर बुढ़ापे तक स्वास्थ्य के नियमों का नियमित रूप से पालन करने से मनुष्य न केवल रोगों से बचा रहता है, वह बूढ़ा भी जल्दी नहीं होता, उसकी उम्र बढ़ जाती है तथा बुढ़ापे में भी चुस्त तथा ताकतवर रहता है। महान सोवियत कवि व्ला. मायाकोव्स्की के इन शब्दों द्वारा हम यह पुस्तक समाप्त करते हैं :

"सौ साल तक हमें जीना है, बूढ़ा हमें कभी नहीं होना है। इस बात को कभी नहीं भूलना है, कि उम्र के साथ-साथ अपनी चुस्ती को भी बढ़ाना है।"

●●●